JN239208

商標と法の研究

―知財法論文集 Ⅲ―

小島庸和　著

五絃舎

はじめに

商標は、トレードマーク（trademark）・ブランド（brand）とも呼ばれ、商品又は役務を識別する標識として社会的に実在する。商標は、この識別機能を通して、営業上の信用（good will）を化体して、超過収益を生み出すので財産的な価値を有するに至る。これは、商品交換経済を基調とする資本主義社会を前提として、企業間競争の必要性から登場して来るものである。わが国では、近代と目される明治の世になると、「営業自由」の原理に基づいて、わが国の産業は発展し、また、商標を伴う取引も活発化するに従って、商標の模倣・盗用という不正競争が生ずる結果となった。そこで、商標を使用する企業の利益と共に商標に伴う需要者の利益を図るために、商標を保護する商標法制が制定されかつ発展されて来た。この意味で、商標は、本来、商標法を離れた社会的な存在であって、法によって創出されたものではない（商標法の無かった江戸の頃にも、例えば、正宗・丸勘・亀甲萬等の商標が存在したという）。

わが国の商標法は、独国法に倣い、商標の登録によって商標権を付与する登録主義を基盤として来たので、従来、商標の定義を設けて来なかった。ところが、現行法に至り、商標法の適用対象を明確にするために、米国法流に「商品又は役務に使用する標章」を商標と定義し（商標2条1項）、また、これに識別性を求めかつ不登録事由に該当しないことを登録要件とする（商標3条・4条）。その結果、この商標の定義によると、一つは、標章の構成要素を限定することであり（文字・図形・記号・色彩のみならず、立体的形状及びこれらの結合に加え、動き・ホノグラム・位置を含め、また音を定める）、二つは、標章を使用する範囲を商品又は役務に限定することであり、商品商標と役務商標を区別する。

そうすると、商標法の定める商標の定義は、商標の社会通念と必ずしも一致する必要はないけれども、商標の社会通念を前提として定められるべきであることは言うまでもない。商標の社会通念（学説は商標の本質という）から商標の法観念を検討してみると、商標の定義は識別性を要求していないので、この機能を営まない標識であっても商標となるし、逆に、この識別機能を営む標識であっても、標章の構成要素に該当しないものは商標とはならないし、更に、商標の定義は財産的な価値を要求していないので、これがなくとも商標になる。その結果、商標の法観念と商標の社会通念（商標の本質）とは乖離し（産業財産権法四法の中でも、商標は発明・実用新案・意匠とは異なる結果になる）、いろいろと不都合な問題が生ずることになる。この問題は学説判例によって論議されている。

そこで、本稿は、この問題を解決するために、わが国の商標法の在り方を探求し、商標の法観念と商標の本質との関係を明らかにする。商標法の在り方の探求は、第一編において、わが国の商標法制を比較法と法制史から取り上げてみる。欧米の商標法制は、大別すると、英米法（普通法）に属する英国法及び米国法と大陸法（市民法）に属する仏国法及び独国法である。これらの法の比較を通してみると、わが国の商標法制は、明治の初期の頃、民法典の制定もなくかつ慣習法や判例法の発達もなかったので、独国法を導入（継受）して確立しかつその後の法理論の発展に伴って変遷して来た。商標の法観念と商標の本質との関係は、第二編において、それぞれの観念を確定した後に比較して検討する。商標法制の適用の対象となるのは商標である。この商標の法観念を明らかにするために、学説によって先験的に使用される商標の本質という観念を取り上げて整理しかつ検証する。そして、商標の法観念及び登録要件について一応の結論を示し、これに関連する判例研究に至る。

目次

第一編　商標法

第一編　商標法

商標（Trademark）は、いわゆる「商品の顔」であり、有形の商品（merchandiese）又は無形の役務（serviece）を識別する標識（mark）を意味する。一般的に、「ブランド」（brand）ともいわれる。不二家の「ペコちゃん」を例にすると、ミルキーの箱に描かれたペコちゃんの顔は商品の商標であるのに対し、レストランの店頭に立つペコちゃんの立像は飲食サービスの商標である。商品又は役務の交換・取引を前提とする資本主義経済においては、企業は、自己の商品又は役務を他人のものと区別・識別するために、一定の形象を商標として選択して使用する。それは、現代経済社会において、商標が商品又は役務を販売競争する手段として重要な地位と機能を果たしているからである。

商品を製造・販売し又は役務を提供する事業者は、同一の商品又はサービスを製造・販売し又はサービスを提供する競業者の出現によって、競業者との競争の必要が起こり、商品又はサービスを区別・識別するために商標を使用する。また、商品又はサービスの需要者は、この商標を見ると、事業者の商品又はサービスと競業者のものを区別・識別することができるので、商標を信用して取引する。その結果、事業者は、商標の使用によって、商品又はサービスの差別化を図り、競業者よりも利益をあげる。この意味で、商標は、営業上の信用（goodwill）を化体し、財産的な価値を有する。

ところが、事業者の商標と同一の商標を無断で商品又はサービスに使用する競業者（不正競業者）が出現したとする。この不正競争によって、需要者は、商品又はサービスを本来の事業者のものと混同し、劣悪な品質のものを購入し、また、本来の事業者の利益をも減少させることになる。そこで、事業者の利益のみならず、需要者の利益をも保護し、競業秩序を維持するために、不正競争を禁止する法制を必要とし、かつ、わが国の法制では、商標法と不正競争防止法が確立されている。

わが国は、明治という近代社会になると、一般法制と同様に、歴史的な事情の類似した独国の法制を導入（継受）して商標法を整備し、また、時代の進展に伴って、法の運用及び改正にあたり、いろいろな問題が発生し、商標理論の変遷を重ねて来た。そうすると、わが国における商標法制の歴史的な変遷を辿り、また、欧米の法制との比較をする必要がある。これによって、わが国の商標法制における商標の保護の制度のみならず、この基礎にある法原理が明らかになる。商標法の規定を解釈する審判決及び学説だけではなく、これらを動かす法原理や法思想を考察することが大切である。そこで、以下の通り、比較商標法と商標法制史を取り上げたい。

第一章　比較法

世界各国の商標法制の潮流を眺めると、(注1) 商標の登録という制度を定める国が殆どである。しかし、これらの背後にある法原理や思想を考慮すると、必ずしも、一様ではない。普通法と市民法という一般法体系の相違に基づいて、次の通り、二つの類型に大別して考えてみたい。(注2) 一つは、英米法の商標法制であり、主として、英国法と米国法がこれに属する。これは、「普通法」(common law) という慣習法に基づいて、判例法主義を採用する。商標の保護は、普通法を基礎とする。商標権は、原則として、商標の使用によって創設され、従って、登録は、商標権の存在を確認するだけである。他は、大陸法の商標法制であり、主として、仏国法と独国法がこれに属する。これは、「市民法」（civil law）に基づいて、法典主義を採用する。商標の保護は、制定法を基礎とする。ところが、仏国法と独国法は相違する。商標権の発生について、前者は、商標の使用によるのに対し、後者は、商標の登録による。

そうすると、商標法制の背後にある法原理について、英米法と大陸法との比較を前提とし、前者に属する英国法と米国法と後者に属する仏国法と独国法とをそれぞれ比較検討して、わが国の法制に言及する糧としたい。[注3]

第一節　英米法

英米法の商標法は、「普通法」（common law）と「制定法」（statutory law）の衝突と調和にある。普通法における「詐称通用訴訟」（Passing－off action）は、未登録商標及びその他の営業標識を保護し、また、商標法の設定する登録商標の形式的な保護の根拠ともなる。それでは、これに属する英国法と米国法を比較する。

第一款　英国法

英国（England）法制では、商標の保護は、普通法と制定法という二元的な制度に基づいており、しかも、これら二つの法は相互に関連し合った関係にあるといってよい。[注4]そこで、普通法と制定法について、それぞれの歴史的な発展を辿り、かつ、両者の関係を明らかにする。

第一に、普通法と制定法による商標の保護である。一つは、普通法による商標の保護であり、19世紀初頭の頃から「詐称通用訴訟」（passing-off action）として判例法によって形成されたものである。この訴訟は、「詐欺訴訟」（action of deceit）の帰結として展開されており、「自己の商品を他人の商品として詐称するため」の権利を何人にも認めないことを意味する。Singer manufacturing. co.v. Loog事件（18 Ch. D. 395, 412《1880》）は、「ある取引者と実際には何等関係もないのに、何等かの関係を有するかの如く装って、商品の販売をなし、公衆を詐欺するのは不正であり、その取引者は、詐欺を働き又は責任を有する者に対して、訴訟を提起することができる」と判示する。(注5) この訴訟は、本来、不正競業法の分野に限らず、不法行為法の分野に属するものであり、その適用範囲は、広汎である。

この訴訟によって保護されるのは営業標識（trade symbol）であり、未登録商標（unregistered mark）を始め、商品の外観（get - up）・宣伝文句（advertising slogan）・商号（trade name）・書籍及び雑誌の題名（title）・出所地表示（geographical denomination of origin）が属する。それは、１９６０年のBollinger v. Costa Brava Wine co. 事件（《1960》R.P.C. 16 et seq.）、いわゆるスペイン・シャンパーン（Spanish Champagne）事件、また、１９６９年のVine Products ltd. v. Mackenzie & Co. Ltd. 事件（《1969》R.P.C. 1 et seq.）、いわゆるイギリス・シェリー（British sherly）事件（１９６９年）で明らかである。ところが、営業標識に化体された「営業上の利益」（goodwill）が保護の対象であり、営業標識それ自体ではない。(注6) それは、この訴訟が同一又は類似の営業標識の使用によって起こる商品の営業上の出所に関する詐欺（deception）を防止し、また、商標主の利益及び消費者の利益の保護を目的とするからである。

この訴訟では、原告の商標が使用され、また、原告の商品を識別して取引上周知であることを証明するならば原告の請求が認容（勝訴）される。それは、このような状態になると、出所の現実的な詐欺と営業上の利益の侵害が起るからである。したがって、現実的な識別性が必要となる。識別性のない語及び商品の普通名称は、取引上の使用によって「二次的意味」（secondary meaning, secondary signification）を持つに至ると、商標としての保護を受ける。それは、１８９６年のReddaway v. banham 事件（13 R.P.C. 218《1896》）、いわゆるカメル・ヘアー（camel hair belting）事件（１８９６年）で明らかである。

二つは、制定法による商標の保護であり、登録商標（registered mark）に対する形式的な保護としてなされる。商標の保護は、詐称通用訴訟による普通法の保護のみならず、商標の登録を定める商標法（制定法）も存在する。商標法は、一方で、商標の登録に基づいて独占的な商標権を確立し、他方で、普通法による保護を維持する。これは、商標法の歴史を通して一貫した原則である。１８６２年の「商品標法」（Merchandise Marks Act）は、虚偽表示に対する罰則を定め、次いで、１８７５年の「商標登録条例」（The Trade Marks Registration Act 1875）は、商標登録を設けているので、最初の商標法といってよい。１８８３年の「特許・意匠・商標条例」（Patents, Designs and Trademarks act 1883）となり、１９０５年の「商標法」（The Trademarks Act 1905）は、１９１９年及び１９３７年の改正を経て、現行法の１９３８年の「商標法」（Trademark (Amendment) Act 1937 and Trademarks Act 1938）に至っている。これらの商標法は、商標の登録及び排他的な商標権を確立したが、普通法による保護を変更するものではなかった。

第二に、制定法による商標の保護は、普通法による保護と比較すると、それぞれ別個のものでありながら関連したものとなっている。一つは、商標の登録による効果は、権利者には防御（security）となり、第三者には警告（notice）となり、また、商標権の行使を容易にする。出願は、識別性（distinctivness）及び公衆欺瞞の欠如（absence of deception of the public）について、登録官による完全な審査（examination）を受け、また、先行権との抵触を職権（ex officio）と異議（opposition）手続をもって検討される。有効に登録を受けると、権利者は、指定商品に対して商標を使用する独占権（商標権）を有し、従って、登録は、それ以後、指定商品又は類似商品について、同一又は類似の商標の登録を妨げることができる。登録は、有効なものと推定され、また、権利者は、侵害訴訟を提起する資格を有する。侵害訴訟では、権利者が、登録と侵害の存在を証明すればよい、従って、営業上の利益の存在を証明する必要はない。二つは、商標の使用（use）に関する普通法上の原則に基づいて、商標権者の利益との調整を図っている。商標の使用は、営業上の利益の根拠となるので、登録商標にとって重要なものとなる。商標の使用及び善意（bona fide intention）の使用は、登録には不用であっても、登録後に不使用があれば、何人も商標登録の取消を請求できる。ところが、商標の譲渡（assignment）及び登録使用者（registered user）に関する規定は、普通法の厳格な原則とは異なり、商標と営業上の利益の分離を認める。

第二款　米国法

米国（United States of America）の商標法制は、歴史的な発展及び基本原則については、英国法と共通する。普通法及び詐称通用訴訟、商標の使用及び営業上の利益、現実的な識別性、詐欺に対する保護について共通性を有する。これらの原則の中にも、いくつかの原則は英国法とは別の発展を遂げ、また、米国法に独自な特色がある。(注7) 米国の商標法においては、英国法制と比べると、制定法よりも普通法に重要な役割が与えられる。連邦法と州法との関係について、特殊な歴史的発展を示しているからである。そこで、連邦法と州法に分けて歴史的な発展を辿り、かつ、両者の関係を明らかにする。

第一に、連邦法と州法による商標の二元的な保護である。一つは、連邦法による商標の保護である。この憲法上の根拠を探ると、商標権に関係するのは、連邦憲法1条8節3項の「外国通称、州際間及びインディアン部族との通商を規制する」権限を連邦議会に与える「通商条項」(commerce clause) である。したがって、特許権や著作権と異なり、同条同節8項の「著作権者及び発明者に対し、一定期間、その著作物及び発見について排他権を保証する」権限を連邦議会に与える「特許・著作権条項」(patent clause) ではない。その結果、特許・著作権条項に基づいて制定された１８７０年の連邦商標法（Federal Trademark Act）及び１８７６年の刑事法は、州際通商又は州内通商のいずれにも使用される商標の登録を認めていたので、連邦最高裁は、１８７９年のUnited State v. steffens 事件（379

U.S. 294《1879》、いわゆる商標事件で憲法違反と判断するに至った。そこで、通商条項に基づいて、１８８１年の「連邦商標法」(Trademarks Act) が制定された。その後、１９０５年及び１９０６年の「連邦商標法」を経て、現行法の１９４６年の「連邦商標法」、いわゆる、ランハム法 (Lanham Act) に至る。この法律は、州際間又は外国との通商に使用される商標について、連邦登録を認めるものである。ランハム法45条は、通商を「連邦議会によって適法に規律されるすべての通商」と定める。

二つは、州法による商標の保護である。州は、それぞれ、州内で使用される商標について、州商標法を有し、これによって州登録を認めている。この登録は、普通法に比べてみると、余り実益はない。これに対して、州法に属する普通法は、連邦商標法の制定される以前から、商標権を保護して来たのである。普通法の下では、商標権は、商標の選定及び使用という事実によって発生し、また、この使用によって拡張されることになる。

第二に、連邦商標法を州法の保護と比較すると、連邦登録は、排他的な商標権を認めるものではなく、商標持主の法的な保護を普通法よりも強化するものである。商標権は、普通法の下において存在することを前提として、州際間取引で商標を使用する排他権（商標権）が登録権利者にあるという推定を受ける。この意味で、連邦商標法は、本質的な限界を有し、自己完結的なものではない。

一つは、連邦登録を受けるためには、出願人は、州際間取引における商標の使用という証拠の提出を必要とする。その結果、未使用商標及び使用の意思のない商標は登録を受けられないことになり、国内産業及び外国の商標権者に不満足な結果となる。そこで、パリ条約 (Paris Convention) の義務として優先権 (priority) 主張又は外国登録商標 (telle - quelle)（本国登録）に基づく例外を認める。二つは、登録商標の厳格な使用が求められる。使用の継続は、商標権を維持するためには、使用の継続を必要とし、しかも、官庁の監督を受ける。登録後6年又は更新登録にあたり、商標権者は商標の使用を証明し、従って、充分な証拠を提出できないとき、登録は特許局により取消を受ける。三つは、登録のためには厳格な審査がある。識別性(distinctive)のない商標、記述的(non - descriptive)商標、欺罔的(deceptive)な商標は、不当な商標独占の創設を妨げ、かつ、詐欺から公衆を保護するために、登録を拒絶される。また、第三者の先行権の存在に職権審査を拡張し、公衆の利益を考慮している

第二節　大陸法

大陸法に属する仏国商標法と独国商標法を比較すると、いずれも、制定法による一元的な制度であるが、それぞれ、特殊な歴史的発展を遂げているので、かなり相違したものとなっている。

第一款　仏国法

仏国（French）の商標法制では、商標の保護は、民法及び商標法という制定法によることを基本とする。しかし、この制定法よりも法理論及び裁判所による発展を特色とする。したがって、この基礎となる要素は、「不正競業」と「寄託」（登録）に加えて、商標の「所有権論」であり、これらの織りなす歴史を辿り、それぞれの関係を明らかにする。(注８)

第一に、商標の保護について、不正競業に基づく実質的な使用を重視することから始まる。一つは、商標法の起源となるのは民法の不正競業訴訟である。民法典（Code civil）の一般的不法行為に関する規定（１３８２条・１３８３条）を根拠として、19世紀初頭の頃から、不公正な業務に対する「不正競業訴訟」（action en concurrence déloyal）は判例法として展開されている。この訴訟によって、混同を惹起する行為に対して民法上の保護が認められるに至った。これを基礎づけるのは、商標の選定によって、商標に対する所有権を先使用者が有すると構成する「精神的所有権」(droit de propriété industrielle）の理論及び判例である。二つは、商標法の寄託はこの不正競業訴訟を補足するた

めに誕生する。１８０３年法及び１８０９年法は、工業審理会（conseil des prud'hommes）の寄託を条件として、商標の侵害に対して民法及び刑法の保護を認める。これは、最初の商標法である１８５７年の「製造標及び商業標に関する法律」（Loi sur les marques de fabrique et de commerce）でも維持され、商事裁判所の先寄託を条件として、商標の侵害訴訟（action en contrefaçon）及び商標の偽造・模倣罪を認める。この法律は、１８９０年及び１９４４年の部分改正を受けている。商標法の適用とならない未寄託の商標は不正競業訴訟によって保護されることになる。

そうすると、これらの商標の保護は、先使用と先寄託の優劣という問題を提起し、先使用者、従って不正競業観念の優位を認める使用の原則の確立となった。それは、寄託には商標権を創設する効力ではなく、商標権の確認という宣言的な効力を有するにすぎないからである。この使用の原則は、先使用の商標と未寄託の商標との衝突において適用となるのに対し、先寄託された未使用商標と後使用の商標との衝突に適用となるか否か、という問題は残る。裁判所は、幾分かの躊躇の後、先使用者よりも先寄託者を優先する。破毀院「(Cour de cassation）の１８９０年12月1日判決（1893 Ann. 333, at, 347）によって、寄託商標の権利は後使用の商標とは無関係となり、従って、商標権を取得しかつ維持するためには使用の条件を必要としない。商標権を取得するためには、使用と寄託を根拠とすることになる。

第二に、商標の保護について、不正競業に基づく使用と形式的な寄託との並立を前提とするが、形式的な保護に重心を移動しているといってよい。形式的な保護は、急速な産業の発展に貢献すると共に、市場の実体から遊離する弊害をも生み出している。それは、商標法が無審査主義を採用するために商標の寄託だけで足り、しかも、これに使用を必要としないからである。ところが、この形式的な保護は、商標を営業政策の手段と化し、商品の識別、従って、営業上の利益の保護及び詐欺から公衆を保護するという商標の目的及び機能から次第に離反するに至っている。不使用の防護的及び貯蔵的な商標の無制限な登録によって、新たな商標の選定と寄託が妨げられることになった。この弊害を解決するために、１９６４年の「商標法」の制定により、使用の要件の導入と登録による商標権の取得が認められるに至っている。前者は、商標の使用を厳密には強制的とはしないが、登録商標を5年以上に渡り不使用すると、商標権は取消原因となる。後者は、商標権は、使用ではなく、登録によって取得され、従って、先使用の原則の放棄となった。先使用者よりも、先出願者が優先的な権利を取得する。それは、登録商標の使用を開始したとき、使用に基づく商標権からの攻撃を受けることを産業界が懸念したからである。しかし、これは、先使用原則の結果となる「周知商標」(marque notoires) の保護を例外として認めているので、不正競業や使用の要素の完全な破壊を意味しない。

第二款　独国法

独国 (German) の商標法制は、一方で、英米法と異なり、制定法に基づく一元的な法制度であるが、他方で、仏国法とも全く異なり、民法典に基づいた判例法の発展を遂げていなかった。(注９) そこで、一般法の民法（及び不正競業法）と特別法の商標法に分けて、制定法の歴史的な発展を眺めながら、両者の関係を明らかにする。

第一に、商標法と不正競業法という制定法による商標の保護である。一つは、商標法よりも先行する商標の保護は不正競業法である。１８６９年の「営業条例」(Gewerbeordnung) に基づいて「営業自由」の原則が確立され、これに伴って不正競争が出現した。しかし、不正競争に対抗する法的な手段は殆ど存在しなかった。したがって、裁判所は、当初、きわめて消極的な態度をとることになった。それは、民法典を制定する間もなく、また、普通法の根拠もなかったからである。そこで、不正競業法という特別法の制定を待った。１８９６年の「不正競業禁圧法」(Gestz zur Bekämpfung des unlauteren Wettbewerbs) は、仏国の判例法を範としたものであり、不正競争行為を制限的に列挙する定めをした結果余り広い範囲に適用されなかった。しかし、１９００年の「民法典」は、一般的な不法行為を定めており、また、１９０９年の「不正競業防止法」(Gesetz gegen unlauteren Wettbewerb) は、一般条項を設けて、誠実な慣行又は善良な道徳に反する競争行為をすべて禁止し、かつ、これを補足するために、個別的な

規定を設ける。この法律は、現在に至るまで、独国の不正競業法の基礎を構成する。(注10)

二つは、商標法である。最初の商標法は、無審査主義による１８７４年の「商標保護法」(Gesetz betreffend den Markenschutz) であったが、審査主義による１８９４年の「商品表示保護法」(Gesetz zum Shutz der Warenbezeichnungen) となった。いずれも、登録商標のみを保護する厳格な登録主義を採用している。商標の登録によって保護を受け、従って、先使用によって長年に渡って営業上の信用を築いていても先願者を優先することになる。後者の法は、前者の法に比べると、商標登録にあたり使用の要件を求めることが異なる。これは、権利の付与に使用の意思を必要とするだけで、登録商標に使用の義務を課するものではないと解された。その結果、使用の意思の有無を問わず、登録商標に完全な保護を与えることになるので、貯蔵的又は防護的な商標の出願が増大し、また、使用により周知となった商標に比べて登録商標の保護を優先するという不公平を生み出すことになった。そこで、このような形式的な態度に対する反省が起こり、不正競業法の理念を適用して形式的な方向を是正すべきことが要請された。

第二に、形式的な商標の保護に不正競業の理念を織り込む契機となったのは、１９００年の民法典及び１９０９年の不正競業法の制定であった。これらの法律は、形式的な商標権の行使の濫用に対して訴訟を提起する途を与えている。最高裁は、１９１９年の判決において、商標法は、広義の不正競業法の一部を構成し、従って、登録に基づいた形式的な商標権は、公正な競争と誠実な取引慣行の範囲内で行使されるべきことを認めている。

１９３６年の「商標法」(warenzeichengesetz)は、第二次大戦後の改正を経て現行法となっている。この法律の下でも、従来の形式的な態度を放棄して、不正競業の観念を商標法に取り入れている。商標法をみると、商標の使用及び営業上の信用は、商標の市場的地位及び価値を決定する要素として、商標権の取得及び維持のみならず、商標の登録性及び保護の範囲において考慮されている。一つは、商標の登録は、商標権を取得するための唯一の手段ではない。それは、取引上通用している商品の表装 (Ausstattng) の保護をもって、全ての営業標識を保護しているからである。したがって、登録主義と使用主義の並立を意味する。二つは、商標の使用は、商標権を維持するために必要である。使用の要件を定めて、登録商標の形式的な保護を補完し、また、商標登録簿への登録を制限する手段とした。三つは、登録要件のうち、使用及び二次的意味は重要な要素である。数字・文字・その他は、記述的で、かつ、識別力を有しなくとも、商品の出所を表示して二次的意味を取得すると、商標の登録を受けることができる。また、現実の使用及び識別性は、混同のおそれを決定する。混同のおそれ及び商標権の範囲は、取引上の識別性の程度によって決定される。

注

(注1)　世界各国の商標法を解説する概説書としては、従来、三宅発士朗・商標法講話（大正11年・巌松堂）、井野・各国商標法提要、藤原龍治・商標と商標法（昭和34年2月・東洋経済新報社）、ERIC D. OFFNER,International Trademark Protection, 1565, Fieldston Press ＝エリック・D・オフナー著・木村三朗訳・国際的商標の保護―その理論と実務―（昭和52年2月・ＡＩＰＰ－日本部会）がある。

(注2)　世界諸国の商標法を解説するにあたり、普通法と市民法に分類し、それぞれ、代表的な法制として、イギリス法やアメリカ法とフランス法やドイツ法を取りあげるものが殆どである。ここでは、主として、Friedrich–Karl Beier, Basic Features of Anglo–American, French and German Trademark Law, 3IIC 285 (1975) を参照する。わが国のものとして、渋谷達紀・商標法の理論（１９７３年1月・東京大学出版会）、松原伸之・主要先進国における商標保護の諸原則について－商標保護の諸制度を形成する基本的判例を中心として－（昭和62年４月・弁理士会）を参照する。

(注３)　本稿の基礎となったのは、拙稿「比較商標法」高千穂論叢46巻４号（２０１２年2月）1～14頁である。

(注４)　イギリスの商標法については、Friedrich–Karl Beier, Basic Features of Anglo–American, French and German Trademark Law, 3IIC 285 (1975) の英国法の部分を主として参照する。T. A. BLANCO White and Robin jacob, kerly'Law of Trade Marks and trade names (tenth edition) 1972., W. R. Cornish, Intellectual property : Patents, Copyright, Trade Marks and allied Rights 1981. セバスチアン・商標法－司法資料二四八号－（昭和14年2月・司法省調査部）、フランク・ツェヒター・商標に関する法律の史的基礎－司法資料二四九号（昭和14年３月・司法省調査部）、拙稿「英国商標法」（昭

和56年11月・海外ビジネス実務研究№４）を参照する。

（注5）　この事件において、James, L. J. が述べたものである。Kerly´Law of Trade Marks and trade names 1 et seq.

（注6）　営業上の利益を最初に定義したものとして、Crutwell　v. Ly 事件（1810）において、「営業上の利益は、顧客が馴染みの場所にしばしば行くであろう、という蓋然性にほかならない」とする。この原則の現代的な修正として、commissioners　of Inland Revenue　v. Mullerr & Co.´s　Margarine　Ltd. 事件（1901）において、「営業上の利益は、顧客を引き付ける吸引力である」とする。

（注7）　アメリカ商標法については、Friedrich–Karl Beier, Basic Features of Anglo–American, French　and　German　Trademark Law, 3IIC　285（1975）の米国法の部分を主として参照する。David A. Burge, Patent and Trademark Tactics and practice, 1980, マーチン・Jベラン著・吉井参也・田中齋治訳・アメリカ商標法の実際（昭和50年5月・至誠堂）、播磨良承・アメリカ商標法概論（昭和49年9月・発明協会）、中嶋和子・アメリカ商標法ガイドブック（２０１１年12月・中央経済社）、拙稿「米国商標法」（昭和57年3月・海外ビジネス実務研究№６）を参照する。

（注8）　フランス商標法については、Friedrich–Karl Beier, Basic Features of Anglo–American, French　and　German　Trademark Law, 3IIC　285（1975）の仏国法の部分を主として参照する。Roubier, le droirt de la Propriété industrielle, I　1952, II　1954, 拙稿「フランス商標法」（昭和57年1月・海外ビジネス実務研究№５）を参照する。

（注9）　ドイツ商標法については、Friedrich–Karl Beier, Basic Features of Anglo–American, French　and　German　Trademark Law, 3IIC　285（1975）の独国法の部分を主として参照する。俵静夫・独逸工業所有権法(1)～(11)・工業所有権法−現代外国法典叢書（昭和13年10月～昭和15年12月・有斐閣）を参照する。

（注10）　ドイツの不正競業法の発展については、Friedrich–Kal Beier, The Development and　Present Status of Unfair　Competition Law in germany　an outline, 4IIC 77（1973）を参照する。

第二章　法制史

わが国の商標法制は、明治の頃から、一般法制と同様に、欧米の法制を導入（継受）したので、今日まで、僅か百年余りの短い歳月を経ているにすぎない。しかし、この短い期間の中にも、時代の進展に伴って、商標法制の制定及び運用にあたり、欧米におけると同様に、いろいろな問題が集約的に発生し、商標法理論の変遷を重ねて来た。そこで、わが国における商標法制の歴史的な変遷を辿る。(注11) このためには、歴史を観察する方法と視点を明らかにする必要がある。

先ず、歴史を観察するためには、大別すると、二つの方法がある。一つは、商標法の制定及び改廃を中心とする立法史であり、他は、商標法理論の展開を背景とする法理論史である。前者は、実際的な方法であるのに対し、後者は、理論的には優れた方法である。それは、商標法制の歴史を語るためには、法を現実化する審判・判決及び学説、また、法思想、更には、経済発展の段階等によって裏付けられることが必要だからである。この理論的な方法からみると、創始期・形成期・実質期・現代期という時代区分となる。次に、歴史を観察する視点である。商標の不正競争を禁止することによって利益を受けるのは、商標の保護を受ける事業者（商標権者・商標使用者）と、これと取引する需要者（消費者）であり、この限りにおいて両者の利益は一致し、この保護によって制約を受ける競業者とは利益の対立を生ずる。そこで、商標法制は、それぞれの時代や社会において、これらの利益を調整するために商標の保護制度を構築する。そうすると、社会の大多数を占める公衆（いわゆる常民）の視点から、商標法の理論を基盤とする時代区分に基づいて、

事業者や需要者と競業者の利益をどのように調整して来たのかという経緯を考察してみる。(注12)

第一節　創始期

創始期は、わが国において、理論的かつ実際的に、商標の法的な保護が要請され、また、それに伴って、欧米の法制を導入・継受し、近代的な商標法を確立するまでの準備期間をいう。これは、近代（明治時代）となり、営業自由の原理の導入から始まり、明治17年の商標条例により終了する。(注13)

第一款　商標の萌芽

商標を「物品の標識」の意味に解すると、原始時代の陶工のマークを起源とし、わが国の歴史のいかなる時代を紐解いてみても、商標の存在を認めることができる。しかし、商標は、本来、「識別標識」の意味に解すると、商品の交換と競業者の存在する社会の誕生、従って、自由競争を基調とする資本主義経済社会の誕生をもって起源とすることができる。(注14)そうすると、わが国では、近代社会としての明治時代となる。確かに、江戸時代になると、売薬・化粧品・清酒・醤油等、商品の種類が増加し、かつ、生産者や販売者間の競争も激化すると、商品を識別する商標の使用がなされるに至った。しかし、これらの商標は、一般的な法規ではなく、諸藩の領主専売及び幕府の株仲間政策で保護するしかなかった。この時代には、商標の保護を必要とする産業基盤の形成がなかったからである。

第二款　商標の模倣

明治になると、政府は、商品流通を制限する封建的な制度を撤廃し、自由競争経済を基礎とする全国的な統一市場を形成するために、株仲間を廃止し、「乱株」の原理、つまり「営業の自由」(Freedam of trade)の原理を創出した。これに基づいて、商工業等の産業は次第に発達し、外国技術の伝習（導入）のみならず、新しい技術の開発を促進した。従来の売薬・化粧品・清酒・醤油を始め、生糸等の生産も盛んになり、また、欧米諸国からの技術導入によって、ビール・紙・巻きタバコ・マッチ・石鹸等も国産化され、これらの商品の商標が新聞や雑誌で宣伝広告された。ところが、これに伴って、必然的に、これらの商標を模倣・盗用する不正利用の弊害が生まれて来た。産業の競争が激化し、各地の特産品の模造が起こり、また、内外国商品の摸造が続発した。例えば、明治4（1871）年9月、英国のベース商会の麦酒の「ウロコ」図形商標の贋造事件、明治9（1876）年、ブロランス製薬の「コロダイン」商標の贋造事件、明治6年から8年頃に至る間、郵便報知新聞・大阪日報に掲載された「宝丹類似薬」に対する警告、明治13（1880）年12月、群馬県の島村官業会社の製造する輸出蚕卵紙の商標の偽造事件をみると、明治7（1874）年前後、商標の不正競争事件が続出している。(注15) これを放置すると、商標を使用する者の営業上の信用を害し、国家の産業の発展、特に、通商貿易の発展にとっても障碍（対外的信用の失墜等）となることが認識された。

第三款　保護の要請

このような事情を背景として、「国内外の市場取引の公正化」のために、政府のみならず、経済界、特に、大阪や東京の商法会議所等から、商標を法的に保護すべき要請があった。(注16) 明治17年の商標条例の制定される以前の準備段階では、英米法の影響もあり、また、仏国法流の不認許商標論（使用主義）が主張されたりした。ところが、民法典の制定もなく、慣習法の発展もなかった明治初年の頃、行政官庁や裁判所に期待を寄せることは困難であった（わずかに、詐欺の事実が認定された場合に限り刑事事件として処理された）。民法典（Code Civil）の不法行為規定を根拠として、仏国法のように、「不正競争訴訟」(action en concurrence déloyale)を展開し、また、普通法（common law）を根拠とする不法行為法によって、英米法のように、「詐称通用訴訟」（passing-off）を発展させることもできなかった。そこで、商標を保護するためには、立法による解決、しかも、不法行為法規定を長年に渡り適用しなかった独国法に倣って、商標法という特別法の制定が要望されることになった。

第二節　形成期

「形成期」は、産業育成という公共政策の観点から、独国の法制を導入（継受）し、わが国の商標法制の基盤を制度的に確立した時期をいう。明治17年の商標条例の制定から始まり、同21年の商標条例、同32年の商標法、同42年の商標法を経て、大正10年の商標法（旧法）に至り終了する。[注17]

第一款　法律の制定

最初の商標法は、明治17（１８８４）年の「商標条例」（太政官布告19号）である。同7（１８７４）年の頃、商標の保護法制に関する検討を開始し、同9（１８７６）年の商標条例制定の旨の御布告案（及び同10年御布告案）、また、同11年の商標条例布告案の作成を経て、官民の意見が一致したところで、同14年2月、農商務卿から商標条例案を太政大臣宛に上申し、同17年6月7日制定し10月1日より施行された。この条例は、全文24条及び付則からなり、主として、先願登録主義、不登録事由、商標権と営業、商標権の侵害を内容とする。地方庁を経由して願書を農商務省に差し出すものであった。明治21年12月18日公布及び翌年2月1日施行の「商標法」（勅令86号）は、同17年の商標条例を大幅に改正し、商工業の発展と法との間隙を埋めたものである。この条例は、全文28ヶ条からなり、主として、商標の意義と特別顕著、不登録事由、一商標一出願、審査官による審査及び請求による無効審判等、登録証の交付等、商標と営業の関係の強化、商標登録の失効、登録証の改定出願、商標公報、商標権の侵害を内容とする。明治32（１８９９）年３月１日公布及び７月１日施行の「商標法」（法律38号）は、同32年のパリ条約加盟にあたり、条約の規定と調和するために改正されたものである。主として、不登録事由、外国登録商標、優先権、博覧会出品物を内容とする。明治42（１９０９）年４月２日公布及び11月１日施行の「商標法」（法律25号）は、日露戦争後の頃、国内商工業の急速な発展と産業財産権の国際的な保護の要請に対応するためのものである。この法は、全文28条からなり、主として、商標概念の明確化と拡大、登録要件としての特別顕著性、着色限定制度、不登録事由の追加、商標権の分割移転、出願人や商標権者の保護の強化、商標権者と他の権利者や第三者の利益との調整を内容とする。

そうすると、わが国最初の商標法は、言うまでもなく、明治17年の商標条例である。この法は、世界最初の商標法といわれる１８５７年の仏国商標法に遅れること27年にすぎない。(注18)しかも、この条例の制定趣旨は、欧米の商標法と変わらずに、商標の贋造摸造を防止し、商標主の信用を維持することにある。(注19)そうすると、わが国の商標法は、欧米の商標法と本質的な相違がないといえるかもしれない。ところが、わが国の商標法は、経済的な発展段階に対応して、国家の産業政策立法となっており、欧米先進国の商標法とは異なった性格を示している。わが国は、明治維新以来、「殖産興業及び富国強兵」という国家の産業政策を背景とし、独国法制を導入（継受）し、近代法制の整備を図り、また、その一環として、商標の使用による商品の製造・販売業を奨励するために、商標法を確立したのである。この意味で、商標法は、国家の産業政策から制定された法であるといえる。(注20)

第二款　形式的保護

これらのわが国の商標法は、一面で、商標を使用する者に対して、国家による登録を経て、商標権という商標を使用する権利を認めているので、「権利主義」に立脚していることは明らかであるが、他面で、権利といっても、国家の産業育成政策の手段とみるので、国家の登録処分に重点を置いたものであって、「恩恵主義」に傾斜している。[注21] そうすると、商標権を産業政策に基づく権利、いわゆる形式的な保護の権利として位置づけ、そこから商標法の形式論理的な解釈と運用を図る理論的な傾向が生み出された。

商標法は、産業育成政策の観点から、企業に機会を与えるために、使用主義（不認許商標論）によらず、「登録主義」（認許商標論）、しかも、「先願主義」を採用し、永年使用により業務上の信用が形成されていない商標についても、出願し登録を受けると、商標を専用する商標権を認める。この先願登録主義はわが国商標法制の基盤である。そうすると、商標権は、営業上の信用とは無関係な存在であるので、実質権ではなく、形式権である。一つは、使用により業務上の信用を化体した周知商標や著名商標であっても、これを登録しない限り、商標権による保護を受けない。二つは、商標の使用あるいは使用の意思の有無を問わず出願は認められるので、貯蔵商標や防御商標を増加させ、また、たとえ10数年間に渡り不使用であった登録商標でも、その後の使用により周知や著名となった商標に対して優先する。[注22]

第三節　実質期

「実質期」は、独国法制を基盤とする商標法制をわが国の実情に照らし合わせて調整を図り、商標の保護を実質的に確立した期間をいう。明治31（1898）年の民法典施行の頃から開始し、大正10（1921）年の商標法の改正の頃を最盛期とし、昭和34（1959）年の商標法の改正により終了する。[注23]

第一款　民法の影響

明治22（1889）年の明治憲法（旧憲法）は、私有財産制を認め、所有権を保障する（憲27条）。これを受けて、同31（1898）年施行の民法典（法律89号）は、財産権として物権と債権を定め、しかも、これらの対象を物という有体物に限り（民85条）、無体物、特に精神的産物を除外する。その結果、商標法は、民法の特別法としての地位となった。その結果、商標法と民法との整合性が問題となり、商標保護に関する理論的な発展がみられる。それは、民法の規定をみると、不法行為による商標の保護を可能にし、また、商標を所有権の対象から除外することにある。(注24)

第一に、不法行為に関する民法709条の規定に基づいて、商標権者は、商標権の侵害が不法行為となると、侵害者に対して損害賠償の請求権を有する。しかし、この規定によっては、商標を一般的に保護するためには不十分である。それは、権利侵害を要件とし、また、その救済として損害賠償請求権を認め、差止請求権を除外するからである。

先ず、「権利侵害」という要件について、学説・判例は、かって、文字通りの意味の「権利」の侵害と厳格に解釈する権利侵害論であった。東中軒雲衛門事件の大審院判決を例とする。しかし、この欠点を克服するために、次第に権利を拡張解釈し、侵害行為と法益から違法性をみる違法性論に至った。大学湯事件の大審院判決を例とする。現在、民法709条の改正により、権利及び法律上保護される利益（法益）の侵害と定める。そうすると、商標権の対象とならないような商標であっても、民法709条を適用して、事実上の利益として保護する余地を認めることになる。次に、救済措置について、損害賠償請求権のみならず差止請求権をも認めるための理論構成として、二つの方法がある。一つは、不正競争によって侵害される法益を何らかの排他的な支配権（産業財産権・企業権・人格権等）として構成する見解である。他は、権利一般の効力として、すべての権利に侵害除去の請求権を認める見解である。(注25)

このような民法理論の発展は、「国際的必要からの申訳的立法」（パリ条約の1925年改正条約に加入するための国内準備作業を直接的な契機とする）という実際的な考慮を加味して、昭和9年の「不正競争防止法」（昭9法律第14号）の制定に至っている。(注26)この法律は、使用を通して周知となり、業務上の信用を化体した商標等の営業標識について、他人の混同行為を不正競争行為として禁止し、差止請求権及び損害賠償権を認める。その結果、商標の保護は、商標法と不正競争防止法によって行われることになった。ところが、この法律は、商標の保護について実効性をもたなかった。それは、欧米の法制と異なり、一般条項を設けないで、特定の不正行為を制限的に列挙するだけであり（制限列挙主義）、また、商標の保護を認める特別規定もなかったからである

第二に、民法85条の規定に基づいて、所有権の対象を物という有体物に限るので、知的財産である商標を除外する。そこで、商標という知的財産を対象とする商標権の本質を究明するための必要をもたらし、また、欧米の理論をそのまま導入したので、わが国の法制においても、商標権の本質に関する論議を生み出す結果となった。(注27)

商標権は、ローマ法以来の伝統的な私権とみるか、あるいは、無体財産（知的財産）に対するまったく新しい権利とみるか、という「商標権の本質論」である。人格権・所有権という伝統的な権利の観念に基づくのは、人格権説と精神的所有権説であるのに対し、新しい権利の観念に基づくのは、無体財産権説と精神的財競業権説である。営業上の信用を化体する商標について、主観的に観察し、それを使用者の人格の延長とみて人格権とするのが「人格権説」であり、また、それを客観的な存在と認め、その支配関係を所有権に準拠して精神的所有権というのが「精神的所有権説」である。前説は、使用者の人格から離脱した財産として取引される実情に合わないという批判を受け、また、後説は、権利の客体が無体物であることに伴う相違を抹殺するという批判を受ける。これに対して、営業上の信用を化体する商標を無体財産として社会的に現存することを認め、それに対する権利をまったく新しい特殊な権利とみて無体財産権というのが「無体財産権説」であり、また、その核心を人格的な要素とし、選定の段階では人格権の保護を受け、それが競業の世界に入ると、無体財産として財産権の保護を受けるというのが「精神財競業権説」である。前説は、権利の客体を明らかにすることになったが、その支配の性質を軽視しているという批判を受け、また、後説は、商標の人格的要素と財産的要素を競業的要素でもって統一することになったが、競業的要素は、保護のために必要であっても、本質論には不要であり、しかも、人格的要素を強調しすぎるという批判を受ける。このような商標権

の本質に関する論議を経て、わが国では、無体財産権説が支配的となり、今日に至っている。

第二款　実質的保護

この商標権の本質論は、究極的にみると、商標権を産業政策の手段ではなく、商標を使用する者（商標使用者）の「先天的」又は「先験的」な権利であるという理論を前提とする。これを商標の使用者の権利に対する私的財産論といい、ひいては、自然法理論の適用を意味する。この理論は、第一次大戦後の好景気による経済の大発展に伴って、民主主義的な風潮を反映して優勢となった。これに呼応して、大正10（1921）年4月30日公布及び翌年1月11日施行の「商標法」（法律96号）の改正を促した。この法律は、昭和34年法を現行法というのに対し、旧法という。主として、商標の保護を類似商品に拡張、団体標章制度、権利不要求制度、出願公告や異議申立制度、拒絶理由通知制度、周知標章の善意使用者保護、商標登録の取消審判、商標権侵害の非親告罪化、審判制度の改正を内容とする。

そうすると、商標権を純粋な私的財産権として構築し、これに基づいて、実質的かつ弾力的に商標法を運用する理論的な傾向が生み出された。不正競争防止法は、第二次大戦前には、ほとんど休眠状態にすぎなかったけれども、戦後の経済発展に伴って、活発に展開された。この法律の趣旨及び運用の影響を受けて、商標法も、次第に、競業法理（公正競争の理念）に基づいて弾力的かつ実質的に運用されるに至った。登録を経た商標権においても、商標の使用及びそれから生ずる営業上の利益が考慮され、従って、商標権は、業務上の信用が形成されている範囲に及ぶものと解されるに至った。不使用の商標（貯蔵商標・防御商標）は、業務上の信用を化体していない限り保護されない。不使用による商標登録の取消も認められる。また、取消にならなくとも、商標権の行使が権利濫用と解されることもある。これに対し、著名商標は、業務上の信用を化体する限り保護される。企業の多角化に伴って、著名商標が出現し、他人がそれを非類似商品に登録し又は使用するような事態、例えば、ソニー（電気製品）を菓子に、ヤシカ（カメラ）を化粧品に登録又は使用する事件、「著名商標のただ乗り」（Free ride）又は希釈化（dilution）の問題について、商標権の類似範囲（類否判断に際し、使用の状態を加味した実質的な解釈）、または、不正競争防止法の混同行為を拡張解釈して対処する。

第四節　現代期

「現代期」は、わが国における社会経済の変革に伴って、新しい事態や問題が起こり、商標権の保護に対する限界が意識されたので、わが国の商標法制もこれに適応すべき時期をいう。第二次大戦後における社会経済の著しい発展を背景とし、現行憲法29条の下で、昭和25（１９５０）年の不正競争防止法の改正から始まり、昭和34（１９５９）年の商標法の改正を経て、新産業革命の進展に伴って、商標法も新しい問題を生起しつつある。[注28]

第一款　独占の限界

日本国憲法（現行憲法）29条は、私有財産制を前提とし、財産権を保障する。これを受けた民法の特例法として商標法を確認した。商標法の分野においても、商標権の効力、いわゆる商標独占に対する限界が認識されるに至った。第二次大戦後における経済民主化及び社会経済の著しい発展を背景として、「私的独占の禁止及び公正取引の確保に関する法律」（昭和法律54号）、いわゆる「独占禁止法」の制定をみたので、「競争の自由」及び「消費者の保護」の要請が高揚した。これに伴って、不正競争防止法は、昭和25（１９５０）年の改正によって、事業者間の利益を調整する「営業者法」（初期市民法及び商法的不正競争法）から、個々の事業者に営業者全体及び消費者の利益を含めて利益調整する「市場関係法」（社会法及び経済法的不正競争法）へとその性格を変容しつつある。[注29]そうすると、商標法の分野においても、商標独占と競争の自由及び消費者の利益との関係が問題となり、この問題の論議を経て、法の在り方そのものを究明する必要性が高まっている。大戦後の社会変革に対応するために、昭和25年の工業所有権審議会の設置及び同31（１９５６）年の答申を経て結実したのが、昭和34年4月13日公布及び翌年4月1日施行の「商標法」である。この法律は、商標の不正競争を防止し、使用者の私的な利益を保護し、競業秩序を維持し、また、需要者の利益を保護して、産業の発展を図ることを目的とする（商標1条）。この目的の外に、主として、商標の識別力を登録要件とし、不登録事由を追加し商標権の存続期間を10年と短縮し、商標権の自由譲渡及び使用許諾、防護標章の制度、判定の制度を内容とする。商標法の目的からみると、商標主の個人的な利益よりも、社会的な利益を優位に置くものであり、従って、公衆の利益による公益的な制約を帯びた私的財産権として認識されるに至った。(注30) このような観点から商標権の効力を限界づけるための理論が出現する。商標権は、商標の出所表示機能及び品質保証機能を保護するものと解し、真正商品の並行輸入を商標権の侵害とはならないとし、(注31) また、商標権の行使が濫用となるとき、その行使を認めずに、従って、独占禁止法や不正競争防止法を適用する理論である。

第二款　対象の拡大

商標権の保護の対象となる商標の範囲が次第に拡大しつつあることが認識されるに至った。前世期末の頃、急速な技術革新及び経済のソフト化という新産業革命（第三次産業革命）の進行に伴って、新しい知的産物が出現し、これらの保護が高まり、特別法の制定又は改正がなされている。このような事情を背景として、新しい知的産物を法的に保護するために、無体財産権に代わり、「知的財産権」という媒介装置が欧米より導入された。経済社会のみならず、巷間にも浸透し、いわゆる「知的財産現象」を巻き起こし、平成15（２００３）年の「知的財産基本法」に基づいて、「技術立国」から「知財立国」へとわが国の国是も変遷している。(注32) そうすると、商標の保護についても、新しいタイプの商標が出現し、これらの保護が問題となっている。

無形な役務を識別する標識の役務標（service mark）である。商標は、従来、有形な商品の識別標識であるから、役務標を含まず、従って、不正競争防止法1条1項2号の保護にすぎなかった。ところが、役務標は、商標と同様な識別機能を営み、パリ条約1条2項及び6条の6の規定に基づく保護の要請がある。(注33)そこで、役務標の登録制度を創設するための準備がなされて来たが、平成3（1991）年5月2日公布及び翌年4月1日施行の商標法の改正によって、役務標を商標に包含して実現した。また、商標の構成要素に該当しない標識（新しいタイプの商標）である。商標法によると、従来、「文字・図形・記号」という平面的形状に限られ、従って、例えば、ヤクルトの容器、不二家のペコちゃん像等の立体的な形状の商標は認められなかった（意匠法や著作権法、または、不正競争防止法によって保護されていた）。しかし、これは、商標と同様な識別機能を営み、また、欧米諸国でも認められている。そこで、商標法は、平成8年6月12日公布・施行の改正により、立体商標を認めている。そうすると、商標の構成要素は、平面的かつ立体的な形状であるから、視覚に訴えるものに限られ、従って、音（バイクのマフラー音）・香り（香水の香り）・触覚・味の商標は認められず、また、動く商標（見る角度によって動物が吠えたり、動いたりするもの）も認められない（意匠法の動く意匠との対比から生ずる結論）。ところが、商標の構成要素を「人の知覚によって認識できるもの」として、従来のものに加えて、例えば、江崎グリコの「♪グ・リ・コ」、久光製薬の「♪ヒ・サ・ミ・ツ」等の「音」（音楽・音声・自然音等からなる商標＝聴覚で認識される商標）、例えば、トンボ鉛筆の文房具MONOに使う青・白・黒の3色の組合せ、タカラトミーのプラレールの線路に使う青色、セブン―イレブンの4色等の「色彩」（単色又は複数の色彩の組合せのみからなる商標で、輪郭なく使用できるもの）・「位置」（図形等を商品等に付す位置が特定される商標）・「動き」（文字・図形等が時間の経過に伴って変化する商標）・角度によって模様が浮かび上がる「ホログラム」（文字・図形等がホログラフィー等の方法により変化する商標）を含めている。(注34)

注

（注11）商標の歴史に関する文献として、井野春韶・商標の理論と実際（丸善・１９２８）、井上一平・日本商標法の研究（実業之日本・１９５６）及び商標評論（同文舘・１９６４）を参考とする。商標法の歴史に関する文献として、特許庁・特許制度70年史―上巻・下巻・別巻（１９５５）及び特許制度百年史（発明協会・１９８５）、商標研究会・日本商標大辞典（１９５９）、網野誠・商標（１９６４）、豊崎光衛・工業所有権法・新版（有斐閣・１９７５）を参考とする。

（注12）このような方法と視点をもって商標法制を考察したのは、拙稿「商標と競争―商標権の再構成の試み―」工業所有権法学会年報９号（１９８６）33頁以下＝拙著・工業所有権と差止請求権（法学書院・１９８６）所収の「法の発達」191頁である。この論文を基礎として展開したのが、拙稿「わが国における商標法制の変遷」高千穂論叢46巻３号（２０１１年11月）である。

（注13）創始期に関する文献としては、豊崎光衛「高橋是清と商標条例」（１９７３）学習院大学法学部研究年報８号193頁以下である。

（注14）商標研究会・日本商標大辞典41頁は、「商標の起源を何に求めるか」については、見解の対立がある。すなわち、①前史時代の土器につけられていた陶工のマークとする説、②古代ローマ社会で広く普及した物品標識とする説、③中世のギルド社会で一般的に使用されたマークとする説、④近代的な商品経済の成立をまって出現したとする説。しかし、この論議は、商標の定義の在り方にあるので、余り重要なものではない。すなわち、商標を極めて広義に「物品の標識」という程度に観念すれば、有史以前の陶工のマークも商標である。これに対し、近代的な商品経済の成立を待ってはじめて出現したものであるとする。

（注15）特許庁・工業所有権制度百年史―上巻は、「商標保護法制への胎動」48頁において、「営業の自由化によって各地に零細な家内工業者が乱立し、これらの者による過当競争は商品の粗製乱造を生じさせるとともに諸藩の特産物の摸造の例が相次ぎ、明治８年から同10年ごろには国産品（例えば、宝丹類似薬）のみならず外国製薬品・ビールの商標偽造事件（例えば、英国製ビールについてベース社が使用する鱗の図形商標の偽造）が多発した」と記し、また、「外国商品及びラベルの偽造事件」36頁において、外務省外交史料館蔵「商標偽造関係雑件」を引用し、いくつかの紛争事件を取り上げる。

（注16）特許庁・工業所有権制度百年史―上巻は、「商標条例の立案」48頁以下において、商標条例案について、政府から諮問を受けたとき、大阪商法会議所は、これに賛成し、「商標条例ノ今日ニ欠ク可カラザル」旨の答申をした。これに対し、東京商法会議所は、「我国ノ今日ニ適切セザルモノト云ウヘシ」とし、「軽易簡単ノ草按」がよいという答申をした。ところが、群馬県下の輸出蚕卵紙商標偽造事件を契機として、商標に対する認識を改めて賛成意見となり、「認許商標ノ法ヲ設ケ、以テ其ノ専用権ヲ保護ス

ルノ今日ニ急務ナリト云ウニ帰着致候」と建議したと記す。

(注17)　形成期に関する文献としては、村山小次郎・特許新案意匠商標四法要義（厳松堂・１９２２）355頁以下、藤江政太郎・改正商標法要論（巌松堂・１９２２）、井野春韶・商標の理論と実際（丸善・１９２８）、足立祥三・特許法実用新案法意匠法商標法（日本評論社・１９３０）、三宅発士郎・日本商標法（厳松堂・１９３１）を参照する。

(注18)　商標研究会・日本商標大辞典は、「一足飛びの商標制度」64頁において、郵便報知新聞（明治17年6月9日付）の「英国商標条例ノ大イニ効益ヲナセルハ則チ十五、六年以来ノ事ニシテ、其ノ初メテ施行セラレシヨリ三十年内外ニスギズ。而ルニ、今日、我国ニ於イテ商標条例ヲ定ムルニ致リシハ真ニ、世運ノ進歩ヲ澄スルニ足ルモノアリ・・・」という記事を取り上げて、これを極めて皮相な考え方であるとする。

(注19)　特許庁・工業所有権百年史−上巻は、商標条例の制定の要点87頁において、制定の趣旨について、「若シ其ノ保護ノ方法ヲ設ケザレバ狡者往往他人ノ商標ヲ剽窃シ其物品ヲ贋造シ甲者ノ射利ニ資シ彼比共ニ損失ヲ被リ信用ヲ墜シ終ニ競争ノ気勢ヲ挫折スルニ至ル商業社会ノ不幸焉ヨリ大ナルは莫シ」と記す。

(注20)　商標研究会・日本商標大辞典64頁によると、『殖産興業』政策を推進するためには、工業所有権制度の確立を図ることが急務となり、しかも、側面からは、わが国と通商航海条約を締結しようとした諸外国より工業所有権法早急実現の要請があったことも手伝って、まず明治17年に商標条例の成立を見たのである」とし、このような経緯を経て生まれた商標条例は、一貫した特色として、①主導権は政府にあり、②先願登録主義を採用し、③国際的影響（欧米先進国の諸法規の導入・万国工業所有権保護同盟条約の規定への調和）を受けていることをあげることができるとする。特許庁・工業所有権百年史−上巻は、三条例の創設の序章59頁以下において、商工業の秩序を確立すること、また、不平等条約の改正のための一条件として近代的な法制を整備することの二つの観点から、明治政府は近代的な法制の制定作業に入ったと記す。

(注21)　恩恵主義は、中世的な特権を意味するのに対し、権利主義は、近代的な「権利」を意味する。前者は、商標権を商標使用主に対する国家の恩恵であり、国家はこれを任意的に保護すればよいのに対し、後者は、商標使用主は商標権の付与を請求する権利を有し、国家はこれを認める義務を負う。

(注22)　登録優位の例外として、使用主義的な考え方も採り入れている。明治17年商標条例は、未登録であっても、条例公布前の使用商標と同一又は紛らわしい商標を同一種類の商品に用いるものを登録させないことにし、また、明治21年の商標条例は、出願前

より他人の使用する商標と同一もしくは類似で同一商品に使用するものを不登録とする。

（注23）　実質期における文献としては、飯塚半衛・無体財産法論（巌松堂・１９４０）、末弘厳太郎・工業所有権法（日本評論社・１９４２）、永田菊四朗・工業所有権論－改訂版（有信堂・１９５９）を参照する。

（注24）　民法からの影響を受けたのは、商標権のみならず、特許権でもある。したがって、特許権について、民法からの影響を述べた拙著・特許権消耗の法理（五絃舎・２００２）における法の発展の実質期165頁を参照する。

（注25）　拙稿「企業秘密の法的処理」杉林記念論文集・知的所有権論239頁以下＝拙著・工業所有権と差止請求権（法学書院・１９８６）所収135頁以下において、企業秘密の侵害に対する不正競業法に基づく措置として、また、拙稿「商標と競争」工業所有権年9号33頁以下＝拙著・工業所有権と差止請求権所収191頁以下において、法適用の効果として、民法709条不法行為に関する問題を考察する。

（注26）　不正競争防止法の制定理由を「国際的必要からの申訳的立法」というのが定説である。田中誠二・商法総則詳論（勁草書房・１９７２）440頁をあげる。これは、対外的な理由であって、国内的には、わが国の民法理論の発展の成果でもあることを忘れてはならない。不正競争防止法の理論的な根拠に関する文献として、勝本正晃「不正競争防止法の理論及び適用」法律時報6巻7号10頁以下、豊崎光衛「不正競業と損害賠償」我妻還暦記念・損害賠償責任の研究583頁以下を参照する。

（注27）　飯塚・無体財産論は、無体財産の用語22頁以下によると、わが国最初の民法草案第506条は、「物に有体なるあり又無体なるあり・・・」と規定したのに対し、現行民法85条は、独国民法に倣って、この区別を廃し、「本法において物とは有体物をいう」と定め、民法中から無体物の観念を一掃したので、人権・物権・債権・相続財産・破産財団は物の観念から除外され、同時に著述・技術又は製作という精神的産物の民法上の地位は不明となった、という。

（注28）　この問題について、経済企画庁総合計画局編「知的所有権－新たな技術革新と世界的な技術移転の時代における知的所有権制度のあり方」（１９８７）21頁以下を参照する。

（注29）　不正競争防止法の変遷について、橋本文雄「社会法の見地より観たる不正競業法」法律時報6巻7号21頁以下、四宮和夫「不正競争と権利保護手段－不法行為法の理論を中心として－」法律時報31巻2号16頁以下、布村雄二「公正競争に関する法的研究－序説－」金沢法学15巻1・2合併号41頁以下を参照する。

（注30）　拙稿「商標と競争」における保護の現状39頁以下は、商標保護の目的について、一般に、①商標使用者の業務上の信用を維持すること、②不正競争を防止すること、③公正な競業秩序を維持すること、④需要者の利益を保護することであるとし、このう

ち、前二者が私的利益を意味するのに対し、後二者が公的利益を意味するとし、これらに対する評価は、時代や国によって必ずしも同一ではないと述べる。

（注31）この問題について、拙稿「商標権の消耗と属地主義」高千穂論叢昭和62年度2号1頁以下を参照とする。

（注32）この問題について、拙稿「『知財』の独占と『競争』の自由」応用社会学研究（立教大学社会学部）２００９№51＝拙著・企業と法（五絃舎・２０１１）５章（注１）88～89頁を参照する。知的財産権という語は、従来の無体財産権に代わって登場した観念である。それでは、わが国における通説である無体財産権説を批判する意味で用いられているのか。そうすると、新しい観念であるのか。あるいは、無体財産権説を前提としながらも、知的財産権と言い換えたにすぎないのか。という問題である。この問題を解決しないで、無批判的に知的財産権の語を使用すべきではないと述べる。

（注33）役務標の保護については、商標法の改正以前に、保護の必要性を説いたものとして、拙稿『「サービス標」保護の現状と展望」高千穂論叢昭和60年度(2)75頁以下＝拙著・工業所有権と差止請求権所収、また、諸外国の法制及び国際条約を解説するものとして、拙稿「サービス標の国際的保護」特許管理36巻11号を参照する。

（注34）新しいタイプの商標については、日本弁理士会の商標委員会による答申「1．新商標の定義に関する調査及び研究」を参照する。

第二編　商　標

わが国の法制は、商標法と不正競争防止法（以下、不競法と略称）によって商標を保護する。商標法は、商標の出願をして特許庁の審査を経て商標を登録すると、商標権という商標の独占権を付与する。これに対し、不競法は、商標の混同惹起行為を不正競争行為として禁止する権利を認める。前者は「登録主義」を採用し、後者は「使用主義」を採用する。商標法と不競法は、一方で、不正競争の禁止を通して商標を保護する立法目的からみると、共通の目的を有するが、他方で、「独占権」(droit privatif)と「義務の制裁」(sanction de devoir)という保護方法で相違する。この相違に対応する結果として、商標の観念は、それぞれ異なるはずである。それは、使用主義と登録主義では、商標の定義に対するあり方が異なるのは当然だからである。そこで、これらの法の対象である商標の観念を明らかにする必要がある。

商標法は、商標の定義を定め（商標2条1項）、また、不競法は、この定義を準用するので（不競2条2・3項）、結局、商標の観念は同一となる。しかしながら、商標の観念について、商標法及び不競法における学説を後述のように概観してみると、この定義を形式的に解釈するだけでは問題が解決しないことを示している。すなわち、商標は、商標法によると、商品又は役務に対して、事業者がこれに使用する標章（人の知覚によって認識することができるもののうち、文字・図形・記号、立体的形状・色彩又はこれらの結合、音、その他）である。ところが、学説・判例は、商標法における商標の観念を法解釈するのみではなく、商標法から離れた社会的な事実としての商標にも言及することは次の通り明らかである。一つは、いずれの学説も、商標の経済的な機能を解説する。商標は、自他の商品又は役務を識別する標識であって、この「商標の本質」に基づいて、経済的な機能を生ずる。商品又は役務の出所を表示する機能（出所表示機能）、商品又は役務の品質を保証する機能（品質保証機能）、商品又は役務を広告・宣伝する機能（広告宣伝機能）である。二つは、「商標の本質」に基づいて、商標として法定されていない標識ではあるが、商標と同様な経済的な機能を営むいわゆる商標も社会的な存在として認める。例えば、シャネルの５番の香り、甘い・辛いといった味覚、肌触りのような触覚の商標も可能であるからこそ、これらを認める立法論も展開される。三つは、「商標の本質」に基づいて、商標の財産的な価値を認め、従って、商標権の自由譲渡及び使用許諾を明確に根拠づける。商標は、企業の努力の結果である営業上の信用・企業の得意（good will）を化体して、超過収益を生み出すので、財産的価値を有する。この意味で、発明や著作物と同様に、知的財産として認められる。

そうすると、学説は、商標法における商標の定義を解釈するにあたり、「商標の本質」という概念を先験的に使用しているので、本稿も、商標の本質を明らかにすることから始める。これは、わが国の商標法における商標の定義とは別に、歴史的・社会的に形成された事実としての商標の観念が存在することを認めるものである。(注１) もっとも、実際には、商標の本質のあり方や内容もいろいろと異なったものとなっている。そこで、商標法における商標の観念と商標の本質との関係を明らかにする。第一編では、欧米の商標法制の比較をなし、かつ、わが国の商標法制の制定及び発展を取り上げて来たので、(注２) 本編では、商標法の対象となる商標を取り上げてみたい。先ず、商標法における商標の定義の意義及び解釈について、従来の論議を整理し、かつ、この解釈にあたり、先験的な観念として登場する「商標の本質」を明らかにする。次に、これらに対する総合的かつ多面的な検討を通して、一応の結論を導き出すことにする。

第一章　商標の法観念

商標法おける「商標」の定義（商標2条1項）に関する意義及び解釈について、現行法（昭和34年法）のみならず、それ以前のもの（明治21年商標条例から大正10年商標法）も含めて、従来の見解を取り上げて類型化して整理する。

第一節　立法上の意義

商標法における「商標」の定義について、立法上の意義を考えてみる。商標の定義について、各国の法制を概観すると、使用主義の法制では、商標の定義を設ける必要があるのに対し、登録主義の法制では、必ずしも、これを定義する必要はない。それは、前者では、法形式上、法よりも先に「保護に値する商標」が存在するのに対し、後者では、法に基づいて「保護に値する商標」が形成されるという形式がとられるからである。(注3)

わが国の商標法は、登録主義を基調とするので、最初の立法から大正10年の商標法（旧法）まで、商標の定義を設けなかった。すなわち、明治32年の商標法は、1条で「自己の商品を表彰する為商標を専用せんとする者は此の法律に依り其の登録を受くべし」と定め、また、明治42年商標法及び大正10年法は、1条1項で「自己の生産、製造、加工、選択、証明、取扱又は販売の営業に係る商品なることを表彰する為商標を専用せんとする者は商標の登録を受くることを得」と定める。その結果、商標の定義を定めずに登録要件として定めていたので、商標の観念は学説・判例に委ねられ、いろいろな見解を生み出した。しかし、商標法の規定を根拠として商標を定義して、商標とは、「自己の生産、製造、加工、選択、証明、取扱又は販売の営業に係る商品を他人の同種商品と区別する為使用する標識なり」とする見解が通説となる。(注4) 昭和34年の商標法（現行法）は、一方で、登録主義の法制を維持しながら、他方で、特許法等と同様に、この法律の適用対象となる商標を明確にするために、商標の定義を法定する。(注5) 商標法は、数次の改正を経た後、現在、次の通り商標の定義を定める（商標2条1項）。商標とは、「人の知覚によって認識できるもののうち、文字、図形、記号、立体的形状若しくは色彩又はこれらの結合、音その他政令で定めるもの（以下『標章』という）」であって、「業として商品を生産し、証明し、又は譲渡する者がその商品について使用をするもの」と「業として役務を提供し、又は証明する者が、その役務について使用をするもの」をいう。

第二節　商標の定義

商標は、事業者が自己の商品又は役務について使用する標章である。商標の構成要素からなる「標章」という観念を設け、また、これを使用する対象を「商品又は役務」という範囲に定める。

第一款　標　章

商標は、「標章」である。これは、本来、標識（mark）を意味する。しかし、商標法によると、商標の構成要素を定めるにすぎない。標章は、人の知覚によって認識される要素の中でも、「文字・図形・記号」「色彩」という平面的形状と「立体的形状」及び「これらの結合」に加えて、「動き・ホノグラム・位置」を含めて視覚によって認識される要素について、また、「音」という聴覚によって認識される要素を法定する。その結果、商標は、次の通り分類される。「文字・図形・記号・色彩」の商標及び「立体的形状」の商標、また、「動き・ホノグラム・位置」、更に、「音」の商標である。

第一に、商標は、「文字・図形・記号」と「色彩」の商標をみると、平面的形状のものに限られ、従って、立体商標を認めることができない。そこで、「立体的形状」の商標を明定する。

一つは、平面的形状である。「文字商標」は、漢字（例えば、東洋紡）・数字（例えば、4711）とローマ字（例えば、SONY NTN）・カタカナ（例えば、トヨタ）・ひらがな（例えば、わかもと）等の文字によって表される商標であり、日本語でも外国語でもよい。これは、特定の意味を有するか否かを問わない（これによって、記述商標・暗示商標・造語商標に区分される）。[注6]もっとも、わが国の消費者からみると、一般に文字と理解できないようなもの（例えば、図案化した文字・モノグラム・読み取り困難な外国文字）は図形商標となる。「図形商標」は、図形（図柄・模様）には、写実的な図形（例えば、フェザーの羽根の絵等）から、図案化された図形（例えば、花王の月の図形等）や幾何学的な図形（例えば、三菱の図形等）がある。図形と図形の結合（例えば、月星の月の図形と星の図形の組み合わせ等）でもよい。図案化して全く異なる印象となった文字を用いると（例えば、ポーラのPOLAの文字を図形化したマーク等）、図形商標となる。[注7]「記号商標」（文字・図形から区別するために、符号的なものを意味する）は、歴史的に古い記号の紋章・暖簾記号（例えば、三井のマーク、島津の丸に十の字のマーク）等から、近代的な記号のアルファベット・カナ文字を輪郭で囲んだもの（例えば、カードのUCマーク、カッターのオルファを楕円で囲んだマーク等）やアルファベットをモノグラム化したもの（例えば、ルイ・ヴィトンのLVマーク等）等まである。[注8]「色彩商標」は、単色又は複数の色彩だけで構成される商標（例えば、トンボ鉛筆の消しゴムのケースに使われる「青・白・黒」、セブンイレブンの看板や商品に使われる「白・オレンジ・緑・赤」の組合せ）である。図形等と結合していなくともよい（したがって、輪郭がなくとも使用できる）。[注9]

他は、立体的形状（三次元の物の形状）からなる立体商標である。これは、実在又は架空の人物・動物等を立体化したものである（例えば、ケンタッキィ・フライドチキンの店頭に見かけられるカーネル・サンダースおじさんの広告人形や、犬が蓄音機に聞き入っているビクターのヒズ・マスターズ・ボィスの広告人形、不二家のペコちゃんの人形、タクシーの屋根の上に置かれる立体物）。(注10)

これらの平面的かつ立体的な商標の構成要素を組み合わせることができる。文字・図形・記号、色彩、立体的形状のうち、二つ以上を結合させると、「結合商標」といわれる。これは、同一種類の要素を結合してなる商標（例えば、文字と文字、図形と図形）でも、異種類の要素を結合してなる商標（例えば、文字と図形、記号と立体形状）でもよい。(注11)

第二に、「文字・図形・記号・色彩」と「立体」の商標をみると、静止状態のものに限られ、従って、動く商標を認められない。それは、意匠法では動的意匠を認めている（意匠6条4項）のに対し、商標法ではこのような規定を設けないからである。(注12)そこで、「動き・ホノグラム・位置」の商標を明定する。

動き商標（時間の経過に伴って、文字・図形等の変化する商標）は、動く平面商標（例えば、菊正宗の紫の風呂敷がほどけて一升瓶の姿が見えるテレビＣＭの映像）でも、動く立体商標（例えば、動くかに看板）でもよい。ホノグラム商標（文字・図形等がホログラフィー等の方法によって変化する商標）は、ホノグラムに映し出された文字・図形等が見る角度によって変化して見える商標（例えば、東レのホノグラム商標）である。位置商標（図形等を商品等に付す位置が特定される商標）

第三に、平面的又は立体的形状のみならず、動き・ホノグラム・位置の商標は、視覚によって認識されるものだから、それ以外の知覚を認められない。そこで、聴覚のみで認識される商標として、音楽的要素（音楽・音声・自然音等）のみからなる「音」の商標を認める。(注13)これは、ＣＭ等で使われるサウンドロゴ（例えば、久光製薬の『ヒサミツ♪』、味の素の『あじのもと』、大正製薬の『ファイトー！イッパツ！』）でも、パソコンの起動音でもよい。そうすると、商標は、人の知覚によって認識される要素の中で、視覚と聴覚に限っているので、嗅覚で認識される香り・匂い（例えば、シャネルの5番のような香水の香り）、味覚で認識される味（例えば、甘い辛い）、触覚で認識される肌触り（例えば、ヌルヌル）

は、たとえ商標と同様な機能を果たしていたとしても、商標とはいえない。

第二款　商品・役務

商標は、「商品又は役務」に使用する標章であり、商品商標と役務商標の分類を生ずる。[注14]商品や役務について、商標法は、定義規定を設けていないので、商品商標と役務商標を区別する法目的から解釈すべきことになる。

第一に商品である。商品は、学説によると、独立して商取引の目的たりうべき物、特に動産をいい、伝統的に、流通市場で交換するために生産された動産であり、不動産、即ち、土地及びその定着物を含まない。したがって、先ず、有体物（固体・液体・気体のような空間の一部を占める有形的存在）であること。酸素や水素、天然ガス等の気体は商品であるが、電気・熱・エネルギーといったものは商品ではない。次に、動産（不動産以外の有体物）であること。土地及び建物は商品ではない。最後に、流通性があること　その場限りで費消されるものは商品ではない。[注15]

第二に役務である。役務は、学説によると、他人のために行う労務又は便益であって、独立して商取引の目的たりうべきものをいい、具体的には、広告、金融、建設、輸送、宿泊、飲食等の各事業者がその需要者に提供する役務、いわゆる、サービス取引におけるサービスであり、無形の材とも呼ばれている。したがって、家庭内の活動や自社の社員の社内研修活動等、また、注文料理の出前は役務に入らない。[注16]

第三款　商標と登録

商標法は、商標の構成要件として、「事業者が商品又は役務について使用する標章」を商標と定め（2条1項）、また、登録要件として、「需要者が何人かの業務に係る商品又は役務であるか認識できる」という自他商品又は役務の識別力という商標の本質機能（3条）を積極的要件（一般的・普遍的な適格性）、また、公益的かつ私益的事由という政策的な見地に基づく不登録事由（4条）を消極的要件（具体的な適格性）と定める。

第一に、商標の変遷である。明治21年商標条例は、商標に「特別著明」性を求め（1条1項）、明治32年商標法を経て、明治42年商標法は、「登録を受くることを得べき商標は文字、図形若しくは記号又はその結合にして特別顕著なることを要す」（1条2項）とし、大正10年法（旧法）がこの規定を受けて特別顕著性を定める（1条2項）。旧法1条2項における特別顕著性の規定は、抽象的であり、その解釈をめぐり問題が起こった。特別顕著性の意義について、商標の構成自体が顕著であるか（外観構成説）、あるいは、自他商品識別力があるか（自他商品識別力説）、また、特別顕著性の地位について、商標の構成要件であるか（構成要件説）、あるいは、登録要件であるか（登録要件説）、という問題である。その結果、現行法は、特別顕著性を自他商品又は役務の識別力の意味に解し（3条1項）、従って、商標の構成が顕著でなくとも、永年使用により自他商品又は役務の識別力を有するに至った商標の登録を認め（3条2項）、また、自他商品又は役務の識別力を登録要件とする。(注17)したがって、商標の定義からみると、自他商品又は役務の識別力を捨象した概念を定めている。これは、「商標は非常に広い概念となり、標章と同一平面で考えられているのである。このような立場は商標権の侵害に関連してその認定が容易になる結果、商標権の保護に厚いということができる」を立法理由とする。(注18)

第二に、現行法と商標である。この商標の定義については、立法理由に照らしてみると、問題がある。一つは、非常に広い概念とした結果、商品の整理、保存のために付する符号、本質的な商標の外に付ける商品の品位、品質、数量を表示する符号等も、商標ということになり、甚だ不当であるし、また、単なる「しみ」とか、斑点に過ぎないものが商品に付着したからといって、これをもって商標であるとは社会的通念において到底是認できない、という疑問が生ずる。(注19)他は、侵害の認定が容易になるというが、常識上商標とは言えないような文字・記号・図形の使用を商標権侵害とすることはできないので、立法に反して、商標権侵害事件においては、商品に付された、ある文字・記号・

図形が、侵害者から商標か否か絶えず争われるに至った、という実情が示される。(注20)そこで、現在、商標法1条、2条1項、3条等の規定の趣旨等の関連をも検討し、総合的な立場から、商標法のいう商標は自他商品又は役務の識別性をその本質的機能としているという見解が通説・判例である。(注21)東京地裁は、昭和51年9月29日判決（昭和47年（ワ）第991号、無体集8・2・400）及び同10月20日判決（昭和45年（ワ）第6265号・昭和46年（ワ）第8953号併合、判例タイムズ363号245頁）において、商標法2条1項は、「形式的には商標の自他商品識別機能について規定するところなく」、標章であって業として商品を生産等する者がその商品について使用をするものはすべて商標であるというような規定の仕方をしているが、「この条項の中には当然自他商品識別の機能を有するものとしての商標の概念が前提されかつ含まれているものと解さなければならないもの」とする。

これに対し、現行法の定義によると、商品の普通名称・内容表示語・注意書の類まで商標となるが、商標は、自他商品識別標識であるから、識別標識としての使用でなくては商標の使用ではない、という見解が有力である。(注22)東京地裁は、昭和56年5月27日判決（昭和49年（ワ）3157号、昭和50（ワ）2071号、取消集56年617頁）において、商標法は、・・・自他商品の識別機能としての機能を有すると否とにかかわりなく、すべて商標である旨定義し（第2条）、・・・同法第1条の同法の目的、第3条の商標登録の要件についての各規定及び前記商標の本質に鑑みれば、「同法における商標の保護は、商標が自他商品の識別標識としての機能を果たすのを妨げる行為を排除し、その本来の機能を発揮できるよう確保することにある」と解すべきである。そうすると、「登録商標と同一又は類似の商標を商品について使用する第三者に対し、商標権者がその使用の差止等を請求しうるためには、右第三者の使用する商標が単に形式的に商品等に表されているだけでは足らず、それが、自他商品の識別標識としての機能を果たす態様で用いられていることを要するというべきである」。

注

（注１）網野誠・商標（有斐閣・昭和39年）は、社会的事実としての商標と商標法上の商標概念との区別を前提とし、前者においては、商標の対象範囲、商標の機能、商標の種類、商標に隣接する概念（意匠・著作物・氏名・商号・サービスマーク）を、また、後者において、使用主義と登録主義、外国における法律上の商標概念、旧商標法上の商標、新商標法上の商標概念を解説している。

（注２）網野・商標は、「外国における法律上の商標概念」において、使用主義諸国と登録主義諸国の比較を通して、登録主義の法制の下においては、法律上必ずしも社会通念を基礎とする商標の概念を定義する必要はない、とする。また、平尾正樹・商標法（学陽書房・２００２年）12頁は、登録主義法制下では使用主義法制下ほどには商標概念が重要性をもたないといい、使用主義法制下では商標は法的保護を与える対象であるから明確に定義しておく必要があるが、登録主義法制下では登録要件さえ明確に定まっていれば法的保護の対象は明確であるから、商標の定義の重要性は相対的に低い、とする。

（注３）田中清明・特許実用新案意匠商標四法論・司法研究第18輯（報告書９）「商標法篇」322～323頁は、旧法に基づいて、この定義をする。また、永田菊四郎・工業所有権法（有信堂・昭和32年）93～97頁は、いろいろな見解をあげて自説を展開した後にこの観念を分説する。これら以外の学説は後述する。

（注４）特許庁編・新工業所有権法逐条解説・《社》発明協会・昭和42年）563頁は、商標法第２条の趣旨において、本法の解釈および運用について基本的な概念となる「商標」「登録商標」および標章についての「使用」の三つについて定義を与えてその意義を明確にし、法の正しい適用を担保しようとするものであるとし、立法理由を述べる。

（注５）島田康男「新しい商標《音、においの商標》についての一考察『商標の保護対象等に係る国際調和』を踏まえて」秋吉稔吉記念論文集（平成14年）32頁以下。また、佐藤俊司「新しいタイプの商標の出願・審査状況について」ジュリスト１４８８号（２０１６・１）は、特許庁から公表されたデータに基づいて、新しいタイプの商標の出願、審査状況を分析する。中村仁「新しいタイプの商標と識別性―見える商標での識別性―」（日本弁理士会中央研究所．研究報告第29号「商標の基本問題について―商標の識別性と商標の機能を中心として―」所収）パテント２０１１・別冊第５号38頁以下は、新しいタイプの商標の法的な保護について取上げているので、社会的な存在としての商標とは角度が異なる。しかし、法的な保護が問題となるのは、社会的な必要性を前提とするから、新しい商標を取上げる必要がある。これを視認性のあるものとないものとに大別すると、前者には、動きの商標・ホノグラム商標・色彩商標・位置商標・トレード・ドレスがあり、後者には、音の商標・香りの商標・触覚の商標・味の商標がある。

（注6） 文字商標の実例は、小野昌延・商標法概説第2版・有斐閣35頁において、「商標の種類」の「構成上の分類」中の文字商標として、実例と文字を解説したものを参照した。

（注7） 図形の意味は、江口順一監修・商標法入門（世界思想社・2001年）所載の山崎容敬「Q3の標章」14頁における解説を参照する。図形商標の態様は、小野・商標法概説35頁における解説を参照する。

（注8） 記号の意味は、山崎「Q3の標章」14頁において、記号の意味を解説したものを参照する。小野・商標法概説35頁において、記号商標の態様を解説したものを参照した。

（注9） 色彩商標の必要性は、小野・商標法概説36頁及び19頁における解説、また、平尾・商標法14頁における解説を参照した。

（注10） 立体商標の意味は、小野・商標法概説において、「商標の種類」の「立体商標」36頁及び25～34頁における解説を参照する。立体商標の実例と保護の必要性は、平尾・商標法3頁における解説を参照する。永井紀昭「立体商標に関する判例」秋吉稔弘記念論文集183頁以下参照。

（注11） 結合商標の態様は、平尾・商標法4頁における解説を参照する。

（注12） 「動く標章」は、平尾・商標法19頁において、東映の映画の冒頭にある波の打ち寄せる海岸のシーンを例とし、商標登録の可能性を探る解説を参照した。

（注13） 小野・商標法概説7頁は、「標章の構成」において、声によって表現されたもの（音響標章）、また、光や味に関する問題について、商標登録が認められないことを解説したものを参照する。平尾・商標法19頁は、音声においに関する問題について、技術的困難性に比して、メリットの少ないことから、商標登録が認められないことを解説したものを参照する。音声では、音の高低・音色も其の要素となるので、テープ出願となるが、公示の問題が残り、また、においでは、媒体として固定するもの、公示の問題が残る、という技術的困難性が残る。印刷技術を伴った紙や電気信号という媒体を使用できるのは視覚に訴えるものだけである、という。

（注14） 拙稿「『サービス標』保護の現状と展望」高千穂論叢昭和60年度（2）75頁以下は、サービス標の登録制度を認めていない法制の下において、サービス標の存在・保護の必要性・現行法による保護・立法上の問題点を論ずる。この国際的保護については、拙稿「サービス標の国際的保護」特許管理36巻8号がある。

（注15） 特許庁編・工業所有権法逐条解説（1999年）985頁において、商標法第2条の「字句」の解説をしたものを参照する。学説は、この定義に従っている。商品の概念は、小野・商標法概説17頁、又、平尾・商標法20～21頁における解説を参照する。

（注16）　特許庁編・逐条解説985頁において、商標法第 2条の「字句」の解説をしたものを参照する。学説は、この定義に従っている。役務の概念は、小野・商標法概説 17～19頁における解説及び平尾・商標法27～28頁における解説、また、特許庁総務部総務課工業所有権制度改正審議室編著・サービスマーク登録制度（有斐閣・１９９２年）24～26頁における、「役務に係る商標の定義」（2条 1項 2号）に関する解説を参照する。

（注17）　商標の積極的要件（３条）は、紋谷編・商標法 50講（有斐閣・昭和 50年）所載の拙稿「第12講」46～47頁における解説を参照する。

（注18）　この立法理由は、特許庁・逐条解説（昭和 42年）567頁において、「商標法第 2条の問題点」として、商標の定義に関する問題について解説したものである。しかし、その後、この立法理由は、同・逐条解説（平成元年）789頁において、現行法の定義では単に標章を商品について用いるだけで商標であるとした結果、商標の概念は形式的には広くなっている、と後退した表現を用いて解説する。

（注19）　商標法の立去理由は、工業所有権便覧編集委員編・工業所有権便覧207頁以下の「商標」において、①商標の構成要素を文字、図形、記号など平面的に表現され、視覚によって捉えられるものに限定し、立体物、音声などによって表現されるものを除外すること、②従来「標章」と称して商標と区別して取り扱っていた非営利事業に使用される標識を商標のうちに包含させること、③自己の商品であることを表示するために使用するという不確定な主観的要件をはずすことなどによって、出願、審査、登録などについての規定の立法を技術的に容易にし、また使用の定義と相まって権利侵害などの認定を容易にし権利の保護を厚くしようとしたものであろう、という。これに対し、吉原隆次・商標法説義（帝国判例法規出版社・昭和35年）19～20頁は、商標の定義中には「自己の業務にかかる商品であることを表彰するために」（旧法第1条第1項）とか、「自己の業務にかかる商品と他人の業務にかかる商品とを区別するために」とかいう、商標使用の目的を明規する必要がある、という立法論を展開する。また、萼優美・新工業所有権法解説（帝国地方行政学会・昭和 41年）330頁は、現行法においても、特別顕著性は商標成立の要件であると考えなければならない、という。

（注20）　小野・商標法概説9頁において、この問題を指摘する。また、紋谷編・商標法50講の紋谷「第5項」17頁において、商標の概念規定は、使用目的を問わぬので、意匠、商号、サービスマーク及び社標等との限界を不明瞭なものとし、かつ侵害において商標としての使用か否かの認定が困難となった、とする。

（注21） 特許庁・逐条解説（平成元年）769頁は、1条、2条1項、3条等の趣旨を総合すれば、現行法においても、商標は自他商品の識別をその本質的機能とすると考えられる、という。紋谷編・商標法50講の紋谷「第5講」17頁において、商標法上の商標概念と社会通念上の概念との間に乖離があるとし、法的見地からみても経済的機能からみても、自他商品識別力を有しない標識は商標というに値しないものといえよう。（最判昭和39年6月3日民集18巻5号774頁、大阪地判昭和46年3月3日無体財産例集3巻1号80頁等参照）という。工業所有権便覧208頁は、商標法上保護の対象となる商標は、社会通念上の商標に限られることは、第1条の法意、第3条の「登録要件」の規定などによって明白であるという。

（注22） 平尾・商標法の「商標の定義」11頁及び「識別標識としての使用」40頁において、両者の関係を解説したものを参照する。

第二章　商標の本質

商標法から離れた社会的な事実としての商標の意義及び機能と財産的な価値、要するに「商標の本質」について、従来の論議を整理する。

第一節　商標の意義

商標法の商標の定義と社会的な事実としての商標との関係に対応して、いろいろな見解が生じて来る。「商標の本質」といっても、それを基礎付ける根拠によって様々な見解となる。

第一款　比較法説

欧米の法制及び学説における商標の観念に基づいて、商標の本質を論ずる見解である。これは、独国法を継受した商標法の運用にあたり、商標の観念をも参考にする。(注23) 独国のフィンゲル（Finger）による商標の定義を参酌して、商標法上の定義を解釈する。この定義をみると、法律により保護を享有し得べき商標とは、営業者より自由に選択せられるところに係り、本来あるいは直にその全体が認識せられ得べくかつ一見して会得し得べき文字図形もしくは記号又はその結合にして、商品をして一定の営業者に専属するもの、即ちその者より製造せられもしくは拡布せられ彼の営業より発源せるものとして認識せしめ（根源の目的）、同時に他の営業者の商品より明らかにこれを甄別（甄別の目的）かつまたその音響的価値によりて客観的にこの認識識別に適応するものなりとする。

第二款　法形成説

わが国の商標法制において長年に渡り形成されて来た商標の観念に基づいて、「商標の本質」を論ずる見解である。これは、社会事実として商標を取り上げるという観点からみると、制定法から商標をとらえるので、本来的には除外すべきかもしれない。ところが、商標法制から導き出された商標の本質であっても、旧法における商標の観念が社会通念上の「商標の本質」と遊離していなかったことを示している。商標とは、「営業を表彰する為商品に使用せらる文字、図形若しくは記号又は其の結合(注24)」、「自己の生産、製造、加工、選択、証明、取扱又は販売の営業に係る商品なることを表彰するが為めに商品に使用する標章(注25)」、「一定の営業に係る商品を、他の商品より識別せしむるため、商品に使用せらるる標章(注26)」。その結果、このような「商標の本質」の立場から、現行法における商標の定義を検討して立法論的な批判を加える。(注27)

第三款　社会的事実前提説

わが国において、社会的な事実としての商標の一般的な観念又は経済的機能に基づいて、「商標の本質」を論ずる見解である。多くの見解は、商標の法的観念（商標２条１項）を解説する前提として、一般的な観念又は商標の機能に基づいた「商標の本質」を解説する。これが、通説・判例である。

一つは、一般的な観念や社会通念を根拠とする「社会通念説」である。「商標は、営業者が自己の生産（加工・修理等を含む））販売する商品を他人の商品と区別するために使用する標章である」。製造業者にとっては製造標ともいうべきものであろうが、資本主義経済では商品生産が原理となっているのでたいていの国では製造業者の用いるマークも、販売業者の用いるマークも一括して商標といっている。(注28)商標とは何かについては多くの立法・学説があるが、一般的には、「営業者が自己の取扱う商品を他人の商品から区別するために使う標識」といってよい、(注29)社会通念では一般的に商標は、「事業者が自己の取扱う商品を他の商品と識別するために商品との関連において使用する標識」である。(注30)

また、私達が一般的に考えている商標とは自他の商品または役務を区別するための目印であり、沿革的にも、・・・自他商品識別力が商標の本質的属性であることが明らかであったとし、商標とは、「事業者が自己の商品・役務を他人の商品・役務と区別するために、自己の商品・役務に使用する標章」とする。(注31)

二つは、商標の機能に基づく「経済機能説」である。旧法下において、商標の実際のあり方（現代の取引社会において、商標がどのような機能をもっているか）から、商標を定義すると、「商標とは、商品の製造・販売などの営業をおこなう者が、自己の営業にかかる商品を表示し、他の営業にかかる商品と区別するために使用するマーク」である。(注32)商標保護の重要性を通して、商標は今日企業体の「信用の表徴」として、また、消費者の消費に当たっての目当てとして、重要な役目を果たしていることから、商標は「自己の商品又は役務とを識別する標識であり、商品又は役務の出所を示す標章」、または、商標とは、「自分の商品、あるいは、役務と他人の商品、あるいは、役務とを区別するために、事業者

が商品若しくは役務に付ける標章」である。(注33)

第四款　社会的事実確認説

社会的な事実としての商標を確認し、これに基づいて、「商標の本質」を論ずる見解である。これは、社会的な事実としての商標と法律的な商標との区別を前提として論ずる。社会的な事実としての商標を観念するためには、商標とは何か（商標の対象範囲の問題）、また、いかなる作用効果を有するか（商標の本質機能の問題）、という問題の把握を必要とする。前者では、商標の対象範囲として、商標とは、①何人かの業務との関係において個性化された商品に関して使用されるもの、また、②商品の同一性を表示するために使用されるものであり、更に、③文字、図形、記号等感覚的に把握し得る手段を構成要素とする。これに対し、後者では、商標の機能として、①商品識別の機能、②出所表示機能、③品質保証機能、④宣伝広告機能の四つを挙げる。(注34)

第五款　歴史的事実説

商標の起源及び発達という内外国の歴史的な研究を通して、社会的な事実としての商標を見出し、これに基づいて、「商標の本質」を明らかにする見解である。

一つは、商標に関する内外の歴史的研究及び心理的な研究に基づいて、次の通り、「商標の本質」を取り上げる「歴史的心理的事実説」である。(注35)商標の意義について、「商標とは営業者が自己の商品を他人の商品と区別する為に商品に使用する標識である。・・・商標は氏名や商号が人格（自然人及び法人）の自他を甄別する人的標識である如く、営業者が自己の商品を他人の商品と区別するための標識である」とする。そして、商品と顧客（顧客を惹き付けて、その商品の常得意とし、事業を永続化する。顧客を惹き付けるためには、その商品に親しみを感じさせなければならない。自己の商品に親しみを感じさせるためには、自己の商品と他人の商品とを明かに区別することが必要である。商品の自他を区別する唯一の手段は商標である）、暗示と習慣（人が一度注意し記憶したものは人の胸中に何らかの印象を残すので、その後同じものに接した場合に何となく親しみを感ずる。商標が人をその商品に近づけるのは、全くこの人間心理に訴えたものである。新聞で見た福助足袋の福助の商標が記憶にあると、再びそれを例えば足袋屋の店頭の看板に見出した時に何となくその福助の商標に親しみを感じ、遂には足袋を買う必要が起こった時に殆ど無意識に福助足袋を指名して買うようになる）、商標の構成（商標をその構成の内容からみるときは、文字商標・図形商標・記号商標・結合商標」という四種に大別できる）、商標たるの要件（商標であるためには、その構成自体が特別顕著の外観をそなえているか又はその構成自体は特別顕著ではないが永年の使用により世人周知のものとなった場合でなければならない）、商標の選択（商標の機能を充分に発揮させるためには、特別顕著性を具備すると同時に、美的で快感を与えるもの、商品と調和するもの、明確な観念を与えるもの、他と混同される虞れのないもの、記憶に容易なもの、商標の称呼が正確に唱えられ且発音し易きもの、需要者の趣味に適合するもの、登録の可能性あるものを考慮に入れることが肝要である）。

二つは、商標の起源と発達を述べて、社会的な事実としての商標を明らかにすることによって商標の本質とし、法律上の商標と区別する「歴史的発展説」である。(注36) 無体財産を創造・人格性・競業性からとらえて、創作と標識の区別を前提とし、標識としての商標を取り上げる。自己を他人から区別し、自己に属する物を他人のものから容易に識別させようとすることは人間の本性であり、社会生活上必要である。よって、人間には氏名、物には記号を付することは古来の慣習であり、必然の事柄となっている。人文開発して交通頻繁となり、物資の交換が盛んに行われる時代となり、その営業には商号を、商品には商標を使用するに至った。この商品を表彰する標識即ち商標はその始めは商品の生産者若しくは営業者を表示することを目的とする営業標であったが、商取引が国境を越えて行われ同種の商品多数となるに従い商品其物を区別する標識即ち商品標となったのである。そうすると、商標は商品に付された標識で文字、図形若くは記号又はその結合である。したがって、それが特別顕著であり、これによりその商品を一見直ちに甄別し得るものでなければならない。これを特別顕著性という。

第六款　社会的歴史的事実説

商標の実態調査及び経済史的研究を通して、社会的な事実としての商標を明らかにし、商標の本質を論ずる見解である。[注37] これは、経済史的な研究及び実証的な研究から成り立っている。

先ず、商標の本質を知るための経済史的な研究である。日本の商標及び欧米の商標について経済史的な考察をなし、ラウターの商標今昔論の検討を経て、「商標の起こりは競争と商品の品質からであり、今もなお、これを基礎としている」。この研究から得た商標の本質として、「商標は商品の記号中の一記号で、商品を個人的かつ個性的に区別するものである。商品の供給者側からいえば自己の所為《せい》によって異質化した商品を他人のそれと区別する記号であり、商品の需要者側からいえば営業者の所為《せい》によってかもし出した品の良さを簡易に鑑別できる記号であると述べ、欧米及び日本の学者の本質論、経済制度から見た商標の本質、商標になる記号を検討する。

次に、商標の実証的な研究である。商標は商品に使われるものだから、商標の機能論を構成するには、その実態を調査してこそ正鵠を得る。そこで、商標の実態調査をし、商品の供給者から見た商標、商標と商品の出所との関係、小売店から見た商標、需要者から見た商標、商標の広告を通して、商標の機能論に至る。

第二節　商標の機能

商標は、自己の商品又は役務を識別する標識であり、商品又は役務を識別する機能を本源的なものとする。これは、商標の機能として最も基本的な機能である。この商標の本来的な機能である商品又は役務の識別機能に基づいて、一般的に、出所表示機能、品質保証機能、広告機能が派生するといわれる。(注38)しかし、商標は、商品又は役務の識別機能を持たなくともよいという前提から、商品又は役務の識別機能・出所表示機能・品質保証機能・宣伝広告機能の四つを挙げる見解もある。(注39)

第一に、出所表示機能であり、商標が商品又は役務を識別（区別）すること（商標の識別機能）に基づいて、商品又は役務の出所を表示する機能をいう。(注40)商標は、自他商品又は役務を識別する機能を有する標識であり、従って、この機能を取引社会でもたなければ商標とはいえない。商標は、商品又は役務を区別することによって、商品又は役務の出所を間接に示すことになる。商品を購入する者又は役務の提供を受ける者、即ち需要者は、どこから来た商品であるか、または、誰によって提供された役務か、つまり出所を知ることができる。このような個別化作用を通して、商標は、需要者に働きかけ顧客を確保して営業上の信用（goodwill　グッドウィル）を商標に蓄積することによって、競業上有利な地位に立つことができる。この機能は、特定の誰々という具体的な出所ではなく、同一の商標が使用されている商品や役務は同一人の出所に係ることを表示するという意味である。同じ商標が付されている商品又は役務は、すべて同じ源（source）から出て、同じ経路（channel）を経て、消費者の手元に到達したことを意味する。

第二に、品質保証機能であり、商標の付いた商品又は役務の品質や質は均一化されているので、商標の使用によって、同じ商標の付される商品又は役務は同じ品質のものと需要者に保証する機能をいう。需要者からみると、商品又は役務の出所よりも、ある商標を用いている商品又は役務には、どんな品質・質・性能があるかという方に関心をもっている。(注41)その商標が付された商品又は役務に期待した程度の品質・質・性能があればよいのである。この意味で、商標は、商品又は役務の品質を保証する。そうすると、出所表示機能は、事業者の観点からみた商標の機能であるのに対し、品質保証機能は、需要者の観点からみた商標の機能ということになる。事業者は、需要者の期待を裏切らない限り、商品・役務を販売又は利用するので、この品質保証機能が実質的に商標機能の中心となる。

最後に、広告機能であり、マスメディアあるいは商品又は役務に付される商標によって、商品又は役務を広く大衆に知らせる広告・宣伝の機能をいう。需要者は、商標を記憶し、あるいは、商標自体に一定のイメージを思い浮かべるようになると、その商標に付した商品又は役務に対し愛着を感じ、無意識にその商品をよいものと思うようになる。(注42)これは、著名商標のもつ機能である。いわゆる「声なき商人」(Silent Salesman) として、営業上大きな力を有する。

第三節　商標の財産的価値

商標は、これらの機能によって、商品又は役務を通して営業上の信用(グッドウィル)を企業のために蓄積すると共に、蓄積された営業の信用自体を商品又は役務を通して表彰する。商標が著名となればなるほど、この関係は企業にとって大切なものとなる。営業上の信用は、営業の経験、秘訣、信用、技術、商品の品質等から生ずる営業の顧客吸引力である。(注43)

注

(注23)　村山小次郎・特許新案意匠商標　四法要義（厳松堂・大正13年）355～356頁は、旧法第1条の解釈にあたり、このフィンゲルの定義を掲げて、第1条から導かれた定義を裏付けている。これは、井上一平・商標評論（同文舘出版・昭和39年）によると、1926年のフィンゲルの商標に関する法律書（Das Reichsgeset Zum Schutz der Warenbezeichnungen）において、商標を定義したものである。この定義の要約は、井上一平・日本商標の研究（実業之日本社・昭和32年）13頁による。

(注24)　安達祥三・特許法　実用新案　意匠法　商標法（日本評論社・昭和５年）362頁は、旧法における商標の意義を解説する。

(注25)　吉原・商標法詳論（有斐閣・昭和2年）11頁は、旧法における商標の意義を解説する。

(注26)　永田菊四郎・工業所有権法 93頁は、（注４）で前述したように、いろいろな見解を紹介した後に、この定義を提示する。

（注27）吉原隆次・商標法説義（帝国判例法規出版社・昭和35年）は、商標法における商標の定義について、商標の構成は商標の本質ではないこと、商標使用の目的の明規すること等、いくつかの批判を述べている。

（注28）藤原龍治・商標と商標法（東洋経済新報社・昭和34年）13頁は、商標の経済的意義として、商標の説明をしている。

（注29）豊崎光衛・工業所有権法（有斐閣・昭和50年）12頁は、一般的な観念と法律上の定義とを区別しているが、「旧法《1条 2項》も同旨であった」という語句をみると、両者を完全に分離した考え方ではない。

（注30）紋谷暢男は、同編「商標法50講」の「第２講」５頁において、商標の経済的機能を解説するにあたり、商標を解説したものである。

（注31）平尾・商標法は、現行法における商標の定義とこの商標の定義の矛盾1～2頁で問題提起し、商標の機能５頁において、商標の定義をする。

（注32）藤田忠寛は、特許庁監修　商標研究会編・日本商標大辞典（昭和34年）の「商標の意義」77～84頁において、現代の取引社会において、商標がどのような機能をもっているかを明らかにした後、このような商標のあり方から、「商標の意義とその諸問題」において、商標の意義を提示する。

（注33）小野昌延・商標法概説（有斐閣・１９９９年）は、はじめに―「商標保護の重要性」―２～３頁に続いて、「標識の機能」４～６頁を取上げた後に、商標の意義６～47頁を述べている。これは、商標法における商標を論ずる前に、法から離れた商標の意義や機能をとりあげるものである。

（注34）網野誠・商標（有斐閣・昭和39年）は、社会的事実としての商標において、商標の対象範囲28～36頁及び商標の機能36～49頁を解説する。

（注35）井野春昭・商標の理論と実際（丸善株式会社・昭和３年）は、欧米及び日本の商標の歴史を研究した後、「商標の本質」において、商標の意義62～63頁を解説する。

（注36）飯塚半衛・無体財産法論（巌松堂・昭和15年）は、商標の性質及内容308～309頁において、商標の成立ちと発展を通して商標の本質に至ることを述べる。

（注37）井上・商標論及び同・日本商標の研究による。

（注38）商標の識別機能が本質的なものであることは、豊崎・工業所有権法12～13頁、紋谷・商標法50講の第２講　５頁、小野・商

標法概説47～48頁を参照する。

（注39）　網野・商標36～49頁は、商品識別機能のない商標をも商標と考えるため、この見解をとる。

（注40）　商標の出所表示機能については、豊崎・工業所有権法13頁、小野・商標法概説48頁、平尾・商標法7～8頁、工業所有権便覧208頁、藤田・大辞典78頁を参照する。

（注41）　商標の品買保証機能については、豊崎・工業所有権法13～14頁、小野・商標法概説48～49頁、平尾・商標法8頁を参照する。

（注42）　商標の広告機能については、豊崎・工業所有権法14頁、小野・商標法50～51頁、平尾・商標法8～9頁を参照する。

（注43）　グッドウィルの解説については、網野・商標47～49頁を参照する。

第三章　商標と法

商標は、商品交換経済を基調とする資本主義社会の段階に到達すると、企業競争の必要から当然に誕生する。商標は、今日の経済社会において、顕著な地位を有し、かつ、重要な機能を果たしている。商品や役務の識別機能を通して、営業上の信用を化体して財産的な価値を生ずる。したがって、商標の社会的な存在を前提として、商標を保護・規制する法制度が必要となり、かつ、実際にも商標法が制定されている。そうすると、商標は、法による創造ではなく、社会的な実在である。(注44) 社会的な事実としての商標と商標法の対象となる商標は、本来、別個の観念であって、両者を厳密に区別すべきである。商標の法観念（商標法の対象となる商標）となる商標法2条1項の商標の定義に関する解釈について、また、商標の本質（社会的な実在である商標）となる商標の意義及び機能と財産的価値について、それぞれ、従来の学説・判例を取り上げて整理と検討を試みる。そこで、社会的事実としての「商標の本質」を明らかにした後に、商標法の「商標の法的観念」との関係を取り上げて検討する。

第一節　商標の本質

社会的な事実としての商標の本質を明らかにする。そのために、前章の商標の本質において、商標の意義及び機能と財産的な価値を学説が論議したところを整理し検討を加えた後に一応の結論を提示し、また、社会的実際的な観点から、歴史的な研究方法を用いて、この結論を検証してみたい。

第一款　研究方法

商標の本質に関する学説の論議を整理してみると、二つの研究方法が問題となる。一つは、商標の本質は、商標法という法的な観点から求めるべきか、あるいは、社会的・実際的な観点から明らかにすべきか、二つは、商標の本質について、社会的に先在する事実に基づいて観念的に明らかにすべきか、あるいは、歴史的な研究を基礎として実証的に研究すべきか、という問題である。

先ず、商標法に対する認識の相違である。欧米の法制及び学説における商標、または、わが国の商標法制において長年に渡り形成された商標を根拠とする見解（比較法説及び法形成説）がある。(注45) この見解は、比較法的な方法又は法制史的な方法を通して商標を考察するので、結局、商標法という法的な観点を根底におくことになるので、社会的な事実としての商標の本質を法的な観点から取り上げるべきではないという意味では適当ではない。これに対し、社会的な事実としての商標の一般的な観念、あるいは、経済的な機能を根拠とし、または、社会的な事実としての商標と法律的な商標の区別を前提として、社会的な事実としての商標を確認する見解（社会的事実前提説及び社会的事実確認説）がある。[注46] この見解は、社会的な事実としての商標の本質を取り上げて解説する意味では本来的であり適当である。

次に、商標に対する研究方法の相違である。商標の一般的な観念又は経済的な機能に基づく見解（社会的事実前提説及び社会的事実確認説）は、社会的・実際的な観点によるという意味では評価できるが、この結論をどのような方法をもって導き出すのかを明らかにしていないのが難点である。先験的な事実として商標を取り上げているだけでは不十分である。これに対し、商標の起源及び発達という歴史的な研究を通して、心理学的な研究かつ商標の実態調査を加味して、商標の観念を明らかにする見解（歴史的事実説及び社会的歴史的事実説）は、現代社会における商標の経済的な機能を明らかにし、かつ、これを歴史的に検証する意味で適当である。[注47]

第二款　整理と結論

商標の意義及び機能と財産的な価値に関する論議を整理・検討して、商標の本質に関する一応の結論を示してみたい。

第一に、商標の意義である。学説の相違に対応して、商標の意義を分類する。そうすると、法的な観点からでも、社会的・実際的な観点からでも、いずれも大差ない結論となる。それは、社会的な事実としての商標を取り上げているので、大きな相違がないのはかえって好ましい結果といえる。法的な観点から商標をとらえる見解（比較法説及び法形成説）によると、営業又は営業に係る商品を表彰・識別するために、商品に使用する標章となる。[注48] これに対し、社会的・実際的な観点から商標をとらえる見解（社会的事実前提説及び社会的事実確認説）によると、営業者（事業者）が自他商品（役務）を区別するために、商品（役務）に使用する標識である。[注49] 商標を実証的にとらえる見解（歴史的事実説及び社会的歴史的事実説）によると、営業者が自他商品を区別するために、商品に使用する標識、また、供給者からみると、自己の所為によって異質化した商品を他人のものと区別する記号であり、需要者からみると、営業者の所為によってかも出した品の良さを簡易に鑑別できる記号である。[注50] これらの結果を要約すると、商標は、自他の商品又はサービス（役務）を識別・区別するために、商品又はサービスに使用する標識（mark）となる。

第二に、商標の機能である。いずれの見解も、商品の識別機能という本質的な機能に基づいて、出所表示機能・品質保証機能・宣伝広告機能を認め、かつ、商標に財産的価値を認める。[注51] そうすると、商標の本質として、商標の意義及び機能と財産的な価値を論じているのであるから、商標の意義に関する前述の結論に商標の機能と財産的な価値を加味して、総合的に考察すべきである。商標の本質は、商品又はサービスに使用する標識であって、かつ、自他の商品又はサービスを識別する機能を有し、その結果、財産的な価値を有する。

第三に、商標の本質に関する一応の結論を解説する。商標は、商品又はサービスに使用する標識であること、自己の商品又はサービスを識別する機能を有すること、財産的な価値を有することを必要とする。

一つは、商標は、商品という有体物のみならず、サービスという無体物をも表示する標識（標章・マーク等）であることを要する。標識は、文字・図形・記号及び立体的形状等、人の知覚によって認識できる手段である。この範囲は、社会や時代の進展に従って、変化するものであって、最近では、商品又はサービスを差別化する手法や販売戦略の多様化に伴って、伝統的な商標だけではなく、動くもの・変化するもの・視認性のないもの等の新しいタイプの商標が展開されるに至り、平成26年の法改正を導いている。[注52] 標識を商品又はサービスに関係づけること（使用）を決定、つまり、「選定」（naming）すると、商標となる。標識それ自体は創作とはいえないが、その選定行為は、異論もあるが、創作ではないと解される。それは、創作と解すれば、不自然で実情に合わなくなるからである。[注53] この意味で、商標は、発明・実用新案・意匠・著作物のような創作ではなく、商号・営業標・氏名等のような標識である。

商標は、巷間、「ブランド」（brand）といわれている。現代の経済社会は、「ブランド大繁盛」（the Power of BRAND）であり、[注54] いろいろな分野でこの語が用いられている（例えば、ブランドを付した商品又はサービスが街中に氾濫し、これらを販売又は提供するために、企業はブランド戦略及びブランド経営を図り、これに伴って、ブランドの評価の問題も起こり、地域ブランドの立ち上げも取上げられる)。ところが、ブランドは、元来、放牧牛に焼印を押す意味の語から派生したものであるが、この意義は、現在、経済的及び商業的な意味でも、法的な意味でも、明確となっていない。日本商標協会ブランドマネッジメント委員会の設立趣旨(注55)及び米国マーケッティング協会のブランドの定義(注56)は、ブランドを商標と同一のものと解している。そこで、ブランドは、商標の意味であるか、あるいは、商標とは異なるか、という問題が提起される。それは、ブランドを取り上げる観点の相違によって、それぞれ異なったものとなると解する。

二つは、商標は、自他の商品又はサービスを識別する標識であることを要する。商標は、商標を使用する営業者（使用者）の観点と商品を購買しあるいはサービスの提供を受ける需要者（顧客）の観点という二つの面から考察する必要がある。商品を製造・販売し又は役務を提供する営業者からみると、自由競争の今日においては、同一の商品を製造・販売し又は同一の役務を提供する競業者（同業者）の出現によって、競業者との競争の必要が起こり、商品・役務を区別（識別）するために、商標を商品・役務に使用するに至る。したがって、商標は、いわゆる商品の顔として商品・役務の販売上必要であると共に、他人の不正競争を防止する機能を有する。これに対し、商品を購入し又は役務の提供を受ける需要者からみると、商品を購入し又は役務の提供受けるにあたり、過去に購入しあるいは提供を受けた経験によって又は宣伝広告を通して、商品又は役務に関連して商標を見ると、営業者の商品と競業者の商品又は役務を区別して、商品又はサービスの出所を想起し、これらの商品又は役務の品質を信頼するので、商標を信用して購入又は提供を受ける。

そうすると、商標は、商品又はサービスを識別する標識であり、識別力を本質とし、従って、商品又はサービスの出所を表示し、その品質を保証する機能を有すると共に、商品又は役務の広告をするとき、大きな機能を発揮する。営業者は、商標の使用によって、商品又はサービスの差別化を図り、競業者よりも利益をあげる。この意味で、商標は、営業上の信用・グッドウィル（goodwill）を化体し、財産的な価値を有するに至る。

三つは、商標は、企業の営業上の信用(グッドウィル)を化体して財産的な価値を有する知的財産であることを要する。商標は、形式的にみると、文字・図形・記号等の認識手段であり、それ自体では何も財産的な価値を有しない。したがって、商品又は役務について、文字・図形・記号等を選定したとしても、創作とはならず、財産的な価値を生じない。ところが、商標は、実質的にみると、商品又はサービスに使用されるという関係において、商品又は役務を識別する機能を発揮し、企業のグッドウィルを化体して、超過収益力を生ずるので、財産的価値を有するに至る。(注57)

それでは、「グッドウィル」の意味を明らかにする。これは、英米法上の観念であり、わが国では、「暖簾」（老舗・家声・営業権等）を意味し、最近、「ノレン」の語が用いられる。(注58) この意義は、古くは、「企業主と顧客との、良好かつ有利な関係」から構成され、かつ、この関係を通して、他企業を超えて利益を得るものと解された。しかし、その後、産業の発展及び企業の増加や複雑化に伴って、この意義も次第に拡張されるに至った。「商業上・産業上・政治上の有利な関係に寄与する企業の価値」、「顧客のグッドウィル・従業員のグッドウィル・債権者のグッドウィル」を経て、「平均以上の利益稼得能力をもたらす要素」となる。わが国では、超過収益力を生み出す源泉という意味で用いられる。特定の企業が同種の他の平均的な企業に比べて超過収益力を持っている場合、その超過収益力の源泉又はこのような財産的価値のある事実関係と解する。

そうすると、商標は、文字・図形・記号等といった形象それ自体ではなく、商品又はサービスとの関係にある。この商標を使用することによって、グッドウィルが商標に化体される。その結果、超過収益力によって、財産的価値を有するに至る。この意味で、グッドウィルは、商品又はサービスに個別的なものである。

第三款　結論の検証

社会的実際的な観点から、歴史的な研究を主とする実証的な研究方法を用いることによって、商標の本質に関する前述の一応の結論を検証する。確かに実証的な研究方法及び実態調査も必要となるが、ここでは、歴史的な研究方法に止めておきたい。

商品のない社会に商標は存在しないけれども、逆に、商品があるからといって商標が必要となるわけではない。商標は、商品交換経済に基づく資本主義経済を前提として、企業の競争の必要から発生する。そうすると、欧米の商標の歴史でも、わが国の商標の歴史でも、近代社会の到来を待たなければならない筈である。したがって、それ以前の時代においても、商品のマークがあったとしても、現代の商標とは異なるし、また、社会主義国における商標も、本質的には異なったものである。そこで、商標の本質に関する前述の結論が成立するためには、商標の歴史を通してどのような形をとって出現したか、また、どのような歴史的な条件を必要とするか、近代以前の社会における商標とはどのような点が異なるか、という角度から検証する(注59)。

第一に、欧米の商標史である。欧米の商標の起源及び発達を原始・古代・中世・近代という時代区分に従って明らかにする。商標の起源を何に求めるかについて、論議がある。原始社会の土器に付けられた「陶工のマーク」とするか、古代社会の「物品標識」とするか、中世社会のギルドのマークとするか、近代的な商標とするか。しかし、商標は、近代的な商品交換経済に基づく資本主義社会を前提とするので、近代商標を前提とする。

原始社会にも、物品の原始的なシンボルがみられる。ギリシャのコリンスの近くのKorakouの4千年以前の皿・丼に刻印された陶工マーク（potter's mark）、また、古代オリエント諸国でも、工芸品に刻印された製造者の名が用いられた。これらのマークは、近代的な商標とは異なり、陶工達の虚栄心や宗教的な迷信から出たものにすぎない。

古代社会となると、紀元前5・4世紀頃、地中海沿岸に商業の展開があり、商品市場（古代地中海商業圏）の形成に伴って、商品識別のマークとして、陶工標が広く使用されるに至った。古代ローマになると、陶工のマークに加えて、いろいろな貨物に使用された商標（例えば、古代ローマの市壁やポンペイ市の壁・パレスタインの建物等の石工マーク、水道の鉛管のマーク、ランプの半月形・人の足・車・葡萄の葉等の図形のマーク、ポンペイ市のパンに押捺されたマーク等）がみられる。これらのマークは、目的や機能からみると、近代的な商標と近似するけれども、はるかに重要性の度合いが低い（古代奴隷制経済を基盤とするので、購買力が低く、かつ、奴隷所有者の奢侈品に限られたし、また、刑法上の偽造罪・詐欺罪を除いて、商標の法的な保護はなく、商標の機能を十分に果たせなかった）。

中世の封建社会は、10・11世紀の頃に、一応の安定をみたので、商業も復活し、13世紀頃から、英国や大陸諸国で、線状の図形やモノグラム等から構成された「商人標」(merchant's mark) が普及し、また、14世紀の終末までには、「生産標」(product mark) が西欧全体に渡り使用されるに至った。商人標（船舶の難破・海賊・その他の災難によって所有主不明となった商品に関する所有権を立証するもの）は、所有権を証明する手段として、「所有権の標識」(indicia of ownership)・「所有標」(proprietary mark) である。生産標（品質粗悪な商品の出所を追求し、その製造者を規則違反として処罰し、また、ギルドの対外的な独占の維持を目的とする）は、同業組合（ギルド）による規制として、「警察標」(polizeizeichen)・「責任標」(pflichtzeichen) である。これらのマークは、商品識別を必要としないので、標識の目的・機能等からみると、近代商標と全く異なるが、歴史的にみると、これらのマークから近代的商標が誕生して来るのである。

近代の市民社会になると、生産者と消費者との近接性が消滅し、また、ギルドによる束縛の消滅によって、営業の自由の確立を前提とし、近代的な商標が成立した。商品の流通範囲が拡大し、また、企業の自由な競争が行われる、近代的な商品経済の成立に伴って、近代的な商標は誕生したのである。

第二に、わが国の商標史である。わが国の商標の起源及び発達を原始・古代・中世・近世・近代という時代区分に従って明らかにする。欧米と異なり、近世を設定する。

原始社会では、漁撈・狩猟と農業を主とする時代から、金属の出現とその技術によって工芸品も生まれる時代に進展すると、交易が行われ、そのための「市」が始まり、諸国に及ぶに至る。この社会では、近代的な商標とはかけ離れている。ただ、弥生式の土器に窯印に類したものがあったり、また、物品の固有名詞の例を求めることもできる。

古代社会には、大化元年（６４５）の大化の改新により、農業と手工業の分化が進み、専門の手工業者による宮廷及び貴族の調度品としての高級な工芸品も出現した。平安末期となると、市町の発展が著しく、そこに店舗が開かれた。商工業者の団体の「座」も、「屋号」も登場したが、「市」制は漸次退廃し、商業も「市」中心でなくなる。国内及び海外との貿易も発展し、宿場と寺社の門前商業が発達した。律令制による土地国有の破綻の結果、荘園の発生と増大に伴って、武士が発生し家紋を用いるに至った。大宝元年（７０１）の「大宝律令」第27篇の「関市令」は、主として、通関・駅伝・交易・関市・佑価・権衡・度量を定める。第13条及び14条は、商品の取締のために、商品に記号を付けることを命じるので、商号記号の始めとなる。商品を販売する屋舎に付けられた名称は屋号の始めとなる。

中世（鎌倉や室町）には、封建的な経済を基盤として、かつ、農工生産力の発展に伴って、生産部門では、手工業が発達し、また、座から城下町へと商工業の発達がみられ、また、流通部門では、商人の職業の分化に応じて座が結成され、かつ、店舗の集中に伴って、問屋（問丸）が設けられた。その後、生産と流通の分離という商業発展の機運に乗じて、楽市・楽座を起こし、自由商業が奨励された。この時代には、近代的な商標の芽生えがみられた。屋号の普及と家紋や陶器の銘款の発生、また、暖簾の使用は、商標発達の大きな要因となった。

近世（江戸）には、封建的な経済の爛熟と崩壊を通して、早期資本制生産の発展（濫傷）した時代となった。工業生産は、手工業の技術の段階で相当の発展を示し、封建的な自給生産、注文生産から早期資本制商品生産、機械生産までの形態が存在した。商品の種類が増加し、また、国内交通の発達及び城下町・商工業都市の発展に伴って、商品流通は活発となった。商業の発展は著しく、市場の拡大、商人の専門化及び分化、投機取引の発展、商人の経済的地位の向上をもたらした。この時代は、商品の生産者・販売業者の間の競争も次第に激しくなり、商品の識別標識としての商標の必要性が痛感され、売薬・化粧品・清酒・菓子等に商標が盛んに使われるに至った。

近代社会（明治以後）には、近代商標の誕生をみる。江戸時代に商標の発達がみられたが、封建経済の崩壊の遅れのために、わが国の商標の起源と変遷は、欧米諸国と比較すると、遅れたものであった。その結果、19世紀の後半より、欧米諸国は、近代的な商標法制を確立するに至ったのに対し、わが国では、明治時代を待つことになったわけである。

その後、産業の発展及び社会の複雑化に伴って、第三次産業として、例えば、銀行業・運送業等のサービス業が産業社会において比重を増し、また、サービス業務の比重が高まって来る。そして、ラジオ・テレビ等の広告媒体が飛躍的に発達して来た。これを「経済のサービス化」現象といってよい。その結果、役務標（サービスマーク）は重要な役割を営むことになる。それは、サービス産業にとって、営業活動を効果的にする手段となるからである。このような状態においては、競業者による役務標の使用によって、誤認混同のおそれが生ずることになる。そこで、商標法は、商標と同様な機能を営むので、商標と同様な保護を与えることになった。法改正の影響を受けて、社会的事実としての商標は、商品のみならず、役務をも識別する標識として考えられる。（注60）

第二節　商標の法観念

第一款　商標の法適格性

商標法の規定によると、「商標」という構成要件に該当し、かつ、「識別性」と「不登録事由」という登録要件を具備しなければならない。

第一に、商標の定義は、商標法の対象としての商標について、構成要件を定める（商標2条1項）。構成要件は、大別すると、「標章」とこれを使用する「商品又は役務」である。一つは、標章である。この構成要素を「人の知覚によって認識することができるもの」のうち、「文字」・「図形」・「記号」・「立体形状」、「色彩」、「これらの結合」、「音」、

「その他政令で定めるもの（動き、ホノグラム、位置）」と限定する。二つは、標章は、商品又は役務に使用されるものである。商品の生産・証明・譲渡する業者又は役務の提供・証明する業者（事業者）によって、商品又は役務に使用される。これらの構成要素は、商品又は役務に限らず、標章も、それぞれ、客観的な要素であり、識別性や不登録事由のような価値判断を必要としない。

第二に、構成要件に該当する商標は、識別性と不登録事由という「登録要件」を具備すべきことを要する。一つは、商標が識別性を具備すること（識別性）である（商標３条）。これは、「需要者が何人かの業務に係る商品又は役務であるか」を認識できることをいう。これは、商標の構成を定型的に判断するために、次の通り、識別性を欠如する事由を例示列挙する。商品・役務の普通名称（例えば、パーソナルコンピューターにパソコン）、慣用されている商標（例えば、清酒に正宗）、産地や品質等の表示（例えば、肉製品に炭焼き）、ありふれた氏・氏名（例えば、佐藤商店）、極めて簡単・ありふれた標章（例えば、AB）、その他（例えば、地模様・キャッチフレーズ）である。これに対し、商標の使用（その結果、全国的に有名となったもの）を判断して、具体的に商標の識別性を認める（例えば、チキンラーメン・SUZUKI）。二つは、識別性を具備した商標が不登録事由に該当しないことである（商標４条）。これは、私益的及び公益的な事由に基づいて登録を認めないものをいう。前者は、公共機関の標章と紛らわしい等の公益性に反するものであり、後者は、他人の登録商標又は周知・著名商標等と紛らわしいものである。これらの判断は、原則として、登録査定時を基準とする。

第二款　問題の解決

商標の本質という観点からみると、商標の構成要件から識別性と財産的な価値が捨象（除外）されていることである。社会的な事実としての商標の本質は、商品又はサービスに使用する標識であって、本来、商品又はサービスを識別する機能を有し、その結果、財産的価値を有するものである。したがって、商標の本質と商標の構成要件とを比較してみると、二つの問題が提起される。一つは、商標が商品又はサービスを識別する機能（識別性）を有することは当然のことであるが、商標の構成要件ではなく、登録要件になることである。したがって、商品又はサービスに関連して使用する文字・図形・記号、即ち、商品の整理・保存のために付する符号（例えば、「取扱注意」の荷札）、商品の品位・数量を表示する符号（例えば、等級表示・価格等）、更に、単なる紙魚や斑点にすぎないものも形式的には商標の構成要件に該当することになり、不当な結果となる、という問題が提起される。これは、前述した通りである。二つは、商標が財産的価値を有することも当然のことであるが、商標の構成要件となっていない、従って、商標は、財産的な価値を持たなくともよいのか、という問題になる。このうち、後者については、問題の解決は簡単である。商標法は、商標の財産的価値を認めた上で、「商標登録出願により生じた権利」の移転を認めているので（商標13条2項で準用する特許33条1項）、商標は財産的な価値を有するものと明規しなかっただけである。そうすると、前者の問題も、同様に解決することができる。商標の構成要件は、識別性を有する商標を類型化したものであり、当然に識別性を内包するものである。したがって、商標は、識別性を構成要件とし、かつ、識別性に関するいくつかの基準を登録要件とするものである。これは、通説・判例と同様な結論となることはいうまでもない。

注

（注44） わが国では、明治の時代となり、外国法制を導入して、商標法制を確立したものである。これは、当時のわが国のように、未熟な経済状態では、国家からの発展政策が必要であり、このため、商標は、法の制定によって誕生したかのようにみえる。しかし、理論的にも、かつ、実際的にも、商標の社会的な存在を前提として、商標法が制定されたものである。

（注45） 第一説は、前章「商標と法Ⅰ」の注25を参照、第二説は、前章の注26・27・28を参照。

（注46） 第三説は、前章の注30・31・32・33・34・35を参照、第四説は、前章の注36を参照。

（注47） 第五説は、前章の注37・38を参照、第六説は、前章の注39を参照。

（注48）　第一説によると、商標は、標章であって、商品が一定の営業者の営業から発源したものと認識せしめ、同時に、他の営業者の商品と明らかに区別するものである。第二説によると、商標は、自己、あるいは、一定の営業に係る商品を、他の商品より識別するために、商品に使用する標章である。

（注49）　第三説によると、一方で、商標は、営業者又は事業者が、自己の取り扱う、あるいは、生産販売する商品を他人の商品と区別・識別するために、または、自己の商品・役務を他人の商品・役務と区別するために、使用する標章、または、商品との関連において使用する標識であるとし、他方で、商品の製造・販売等の営業を行う者、あるいは、事業者が、自己の営業に係る商品と区別するために、または、自分の商品・役務と他人の商品・役務と区別するために、使用するマーク、または、商品・役務につける標章である。

（注50）　第五説によると、商標は、営業者が自己の商品を他人の商品と区別するために、商品に使用する標識である。第六説によると、商標は、商品の記号中の一記号で、商品を個人的かつ個性的に区別するものをいう。商品の供給者側からみると、自己の所為によって異質化した商品を他人のそれと区別する記号である。需要者側からみると、営業者の所為によってかもし出した品の良さを簡易に鑑別できる記号である。

（注51）　前章「商標と法Ｉ」の19～20頁を参照。

（注52）　中村仁「新しいタイプの商標と識別性―見える商標での識別性―」（日本弁理士会中央研究所・研究報告第29号「商標の基本問題について―商標の識別性と商標の機能を中心として―」所収）パテント２０１１．別冊第五号38頁以下は、新しいタイプの商標の法的な保護について取り上げているので、社会的な存在としての商標とは角度が異なる。しかし、法的な保護が問題となるのは、社会的な必要性を前提とするので、新しい商標を取り上げる必要がある。これを視認性のあるものとないものとに大別すると、前者には、動きの商標・ホノグラム商標・色彩商標・位置商標・トレード・ドレスがあり、後者には、音の商標・香りの商標・触覚の商標・味の商標がある。

（注53）　商標の選定は創作ではないと明言するのは、古くは、飯塚半衛・無体財産法論（巌松堂・昭和15年）41～42頁であり、また、新しくは、平尾正樹・商標法（学陽書房・２００２）223～224頁である。

（注54）　堺屋太一・ブランド大繁盛（ＮＴＴ出版・２００４年）は、「はじめに」で、従来から考えられていた伝統的な技術や産地による「伝統ブランド」と大企業による規格大量生産と大量広告・大量販売によって築かれる「大量生産ブランド」の二種類のほ

かに、「知価ブランド」ともいうべき新しいブランド群が生じ、大増殖を続けている、ということを指摘している。

（注55）日本商標協会ブランド・マネッジメント委員会による設立趣旨は、ブランド＝商標という前提でもって、「現在、多くの企業におけるブランド戦略関連施策には商標法的観点が欠けているように思われます。企業の最も重要な資産であるブランド(商標)に関する施策が、商標（法）の本質を知らないトップ・マネッジメントや事業部門等のみにより立案・実施されるならば、重大な弊害をもたらすおそれがあります」と述べている。

（注56）米国マーケティング協会によるブランドの定義は、「ネーム・ロゴ・デザイン・シンボル・その他の特徴で、売主の商品やサービスを、他の売主の商品やサービスと区別するもの」とし、「法的な用語では商標」と述べている。

（注57）小野昌延「商標法とGoodwill」日本工業所有権法学会年報31号137～152頁は、商標法の保護するところは、指定商品と標章の間のgoodwill、すなわち指定商品と標章の間の「一定の関係機能」であるとする。雨宮慶「ブランドの保護と独占禁止法」（商事法務・ブランドの保護と独占禁止法」（商事法務・ブランドと法）61頁参照。

（注58）拙稿「企業秘密の商法的考察」高千穂論叢33巻3号1～20頁において、企業秘密との関連において、「ノレン」を取り上げている。

（注59）商標の起源と発達について、商標研究会編・日本商標大辞典（昭和34年）の第一章　商標の歴史Ⅰ（磯長昌利）27～63頁を参考にした。その外に、井野春韶「商標の理論と実際」（丸善・昭和3年）1～62頁、井上一平「商標詳論」8～110頁、「日本商標の研究」16～110頁、網野誠「商標」（有斐閣・昭和39年）5～15頁、平石尚「商標の戦略」22～26頁を参照した。

（注60）サービスマークについては、拙稿「サービス標の保護」特許管理34巻11号（１９８４年）１４６５～１４７５頁、同「サービス標の国際的保護」特許管理36巻11号（１９８６年）１３６３～１３７２頁を参照した。

第四章　商標と登録

第一節　不正競争による商標登録

第一款　はじめに

最近、国の内外で周知又は著名となっている他人の標識について、不正な取引慣行、つまり「不正競争」をもって商標の出願をした者に対して、その商標の登録を認めるべきであるか否か、という問題が議論されている。これは、いわゆる、「不正競争による商標登録」（trademark registration by unfair competition）の問題である。母衣旗商標事件を例にとると、(注61) 地方公共団体Xの経済振興を図る、いわゆる、町興し政策のために、イベントの名称や産品の標章として、「母衣旗」（ほろはた）の文字が用いられていたところ、この政策を阻害することを承知して、その文字を商標として登録出願した者Yに対して、その商標の登録を認めるべきか否か、の問題である。平成４年７月31日、「母衣旗」商標は登録となった後に、その登録の無効審判の申立があり、平成９年11月28日、これを認めない審決があったが、平成11年11月29日、東京高裁は、この審判を取消す判決をなし、商標登録を無効とした。また、DUCERAM商標事件を例にとると、(注62) ドイツの企業Yが国内及びWIPOで登録を受けた、DUCERAM（ドウセラム）の商標を付した商品を製造・販売し又は外国に輸出していたところ、この商品を輸入するための準備をしながら、その商標を無断で登録出願したわが国の企業Ｘに対して、その商標の登録を認めるべきか否か、の問題である。昭和61年３月14日、DUCERAM商標は登録となり、そのために、ドイツ企業の出願は拒絶されたので、審判となったが、登録の取消ではなく、その無効が認められることになり、平成11年12月22日、東京高裁は、この審判の取消を棄却する判決をなした。

わが国の商標法は、「登録主義」を前提とし、かつ、「先願主義」を採用しているので、これらを基礎とする伝統的な見解に基づくと、「母衣旗」及びDUCERAMは、商標の構成それ自体からみても、また、商標の使用からみても、商標の登録要件を充たしており、問題もなく登録となるはずである。特許庁はこれらの商標を一旦登録している。しかしながら、このような結論を認めると、不正競争をもって、周知又は著名な標識の登録を許すことになり、従って、「公正な競業秩序」を害することになる。これによって、商標権者は商標による利益の独占を図ることができるのに対し、公衆（競業者・需要者等）は不当な損害を蒙ることになる。そこで、このような事態を避けるためには、不正競争をもって登録を受けようとする商標に対して、出願の経緯及び意図等を考慮して、登録をなすべきではないという考え方が必要となる。それは、「商標法の精神」から、このような商標を「公序良俗」に反して登録すべきではないという見解であり、東京高裁の平成11年11月29日「母衣旗」商標判決及び平成11年12月22日DUCERAM商標判決において判示されている。そうすると、この問題を解決するためには、商標の保護にあたり、商標持主の利益と公衆の利益を調整する構成が必要となり、従って、「公正な競業秩序の維持」という商標法の精神にまで遡って、商標法４条１項７号の「公序良俗」規定の適用を求めることになる。商標法４条１項７号の「公序良俗」の解釈について、従来の学説・判例を整理した後、商標の保護について、商標持主と公衆との利益調整という観点から商標制度の本質をとらえ直して、この問題に言及してみたい。(注63)

第二款　問題の整理

「不正競争による商標登録」という問題を解決する方向として、商標法４条１項７号の規定が提示される。この規定は、商標の不登録事由として「公の秩序又は善良の風俗を害するおそれのある商標」を定めている（これと同趣旨の規定は、民法90条を始めとして、特許法32条・実用新案法４条・意匠法５条１号である）。

第一に、公序良俗の意義を明らかにする。この規定の「公の秩序又は善良の風俗」の解釈について、従来の学説・判例を整理すると、次の通りである。この規定を設けたのは、「公共の理由から」(注64)、「社会の秩序・道徳的秩序を考慮して」(注65)、「国家社会的・道徳的秩序、風俗を考慮したものである」(注66)として、商標の登録を許さないものである。そうすると、この規定は、多少の表現の相違がみられるが、大正10年の旧商標法２条１項４号の規定と異なるものではない(注67)。この規定は、不登録事由として、「秩序又ハ風俗ヲ紊ルノ虞アルモノ」を定めているからである。この意味で、旧法上の学説・判例も同様に取り扱うことができる。この規定の解釈については、民法90条の解釈と同様に、「公の秩序」を社会公共の利益といい、「善良の風俗」を社会の一般的な道徳観念というが、これらは、それぞれ重複し合い、または、明確な区別をすることができないので、これらを統一して理解し、「公序良俗」と略称している。これが、学説(注68)、判例（例えば、東京高裁昭和27年10月10日判決）の立場である。このように、公序良俗を理解したとしても、「社会通念」(注69)「普通の感情を有する者」(注70)「一国風教上の通念」(注71)「一国におけるその時代に応じた社会通念」(注72)、「その時々の一般的な社会通念」(注73)を基準として判断すべきものである。したがって、時代又は社会情勢の推移によって、その判断は異なって来るし、また、その内容も変遷することにもなる。

第二に、公序良俗の判断を示す。どのような商標が「公序良俗を害するおそれ」があるか否か、という判断は、判例や学説によって明らかにする必要がある。それぞれの商標について、審決及び判決が公序良俗と判断したものを学説が類型化することになる。旧法２条１項４号に定める「秩序又ハ風俗ヲ紊ルノ虞アルモノ」の解釈にあたり、学説は、当初、独商標法4条3号の「嫌悪の情を惹起させる表示を含む商標」を登録しない旨の規定を考慮して、公序良俗の類型化を試みた。この規定の適用を受けるのは、常軌ある人間の感情に非常に毀傷を与えるような商標であり、「淫奔なる図形及び廉恥心を傷くるもの」、「神仏を誹謗するもの」、「高貴若しくは政府を嘲笑するようなもの」とした。(注74)これに基づいて、「構成資料の猥褻なもの」、「神仏を誹謗するもの」、「危険思想を意味するもの」、「国家及び政府を嘲笑するもの」、「国際信義に反するもの」等を含む商標を公序良俗に反するものと解していた。(注75)判例は、余り多くはないが、この学説と同様な立場に立脚している。大審院は、大正15年6月28日の判決において、「征露丸」の文字からなる商標が露国を征伐する意義を有し、「国際通義に反し秩序を紊るの虞れある」ので、公序良俗に反するとしている。

ところが、わが国の商標法は、「登録主義」を基礎としながらも、これを厳格に適用する方向から、次第に、使用主義を加味する方向へと変遷するに至っている。これに伴って、この規定における公序良俗の解釈も異なって来る。公序良俗の解釈にあたり、かつて、商標の文字・図形等の構成それ自体から判断する解釈から、次第に、商標の使用された状態を加味して判断する解釈へと移行してきた。東京高裁は、昭和27年10月10日の判決において、商標それ自体が、矯激な文字や卑猥な図形等、秩序又は風俗をみだすおそれのある文字・図形・記号又はその結合から構成されている場合だけではなく、商標それ自体はそのようなものではなくても、これを指定商品に商標として使用することが、社会公共の利益に反し、または、社会の一般道徳観念に反するような場合をもあげている。この判決は、それ以後の判決でも維持されているし、また、学説も、これを支持している。(注76)また、審査実務（商標の審査基準）も、これに従って、「公序良俗又は善良の風俗を害するおそれがある商標」として、二つの場合をあげる。一つは、「…商標の構成自体がきょう激、卑わいな文字、図形である場合及び商標の構成自体がそうでなくても、指定商品について使用することが社会公共の利益に反し、又は社会の一般道徳観念に反するような場合も含まれるものとする。」他は、「他の法律によって、その使用が禁止されている商標、特定の国もしくはその国民を侮辱する商標又は一般に国際信義に反する商標…」

第三に、公序良俗に該当する事例を取り上げる。商標法4条1項7号の公序良俗に該当するおそれのある商標について、従来の学説・判例の考え方によると、次の通り、二つの類型に分類することができる。

先ず、第一類型である。商標の構成（文字・図形等）それ自体から判断して、矯激な文字や卑猥な図形等からなるので、公序良俗を害するおそれが明らかな場合である。例えば、過激なスローガンからなる商標、文字や図形の見方・読み方によって一般人に猥褻な印象を与えるような商標、特定の国・国民を侮辱して国家の名誉を毀損する商標、国際信義に反する商標等である。これは、商標法の理論を待つまでもなく、刑法の猥褻罪等の一般的な規定と同趣旨であり、当然のことである。(注77) 要するに、典型的な場合である。大審院は、大正15年6月28日判決（大審院判決集号外3号187頁）において、「征露丸」の文字からなる商標が、露国を征伐する意義を有し、国際の通儀に反し、秩序を紊すおそれがあるとした。東京高裁は、昭和41年4月7日判決(注78)において、「セイロ丸」の文字は、「征露」を直感・連想させる事実はなく、国際信義に反し、秩序を乱すものではない。また、平成7年11月22日判決(注79)において、「ノービゲン」の文字からなる商標を指定商品に使用しても、「NO ビゲン」＝「ビゲン禁止」・「ビゲンは危険」という観念を想起させるものではないので、公序良俗に反するものではないとした。

次に、第二類型である。商標の構成それ自体に問題がなくとも、ある商標を特定の指定商品又は役務について使用すると、社会公共の利益に反し、または、社会の一般道徳観念に反し、公序良俗を害する場合である。審査実務を例にとると、「Old Smugler」（密輸者・酒造密造業者の意味）からなる商標を洋酒に使用し、また、「ごまの蝿」（すり・詐欺漢等の意味）からなる商標を菓子・パンに使用すると、いかがわしい世人を欺瞞する標識となり、かつ、社会に道義上の悪影響を及ぼすことになるので、公序良俗に反することになる。これに対し、「マリヤ」や「エリザベス」の文字からなる商標を商品に使用しても、道徳観・社会的良心を害ったり、かつ、社会道徳に反するものでもないので、公序良俗に反するものではない。これも、容易に理解することができる。（注80）登録主義を基礎としても、商標の使用を考慮する必要があるからである。東京高裁は、昭和27年10月10日判決（注81）において、「日本ボーイスカウト連盟」の団体員を表した図形及び文字からなる商標を営利を目的とする事業の商品に使用しても、社会公共の利益に反するものとは考えられない、とした。これに対して、昭和56年8月31日判決（注82）において、「特許理工学博士」等を商標として指定商品（第26類書籍・雑誌等）に使用すると、実在する博士号に類似するので、あたかも学位規則に定めのあるかのように、誤認混同される可能性があるし、また、これらを登録すると、商標の保護と需要者の利益を保護し、商品流通秩序を維持するという商標法の目的にも反することになる、とした。また、平成11年4月21日判決（注83）において、「特許管理士会」商標を指定商品に使用すると、弁理士及び弁理士会に寄せる国民の信頼を害することになり、社会公共の利益に反するものである。また、平成12年5月8日判決（注84）において、「企業市民白書」商標を印刷物に使用すると、国民は政府発行の刊行物であると誤認するおそれがあるので、白書に対する国民の信頼性を損なうもので、商取引の秩序を乱し、また、社会公共の利益を害することになる、とした。

最後に、第三類型である。商標法4条1項7号の公序良俗の規定が適用になるのは、第一類型及び第二類型に限られるべきか否か、従って、商標の構成又は使用からみて、公序良俗に反するものと判断される態様の外にも、公序良俗と判断される第三類型があるのか、という問題がある。公序良俗に関する規定は、「一般条項」であるから、本来、その性格からみて、なるべく控えめに運用されるべきであるという消極説が行われて来た。「従来、本号はよほどのことがない限り適用されることはなく、いわば、伝家の宝刀のような存在として、実際には余り活用されていませんでした（注85）」、また、「本号を解釈するにあたっては、むやみに解釈の巾を広げるべきではなく、1号から6号までを考慮して行うべきであろう（注86）」。

これに対し、商標法の定める登録要件に関する規定を適用できないけれども、どうしても登録を認めたくないような商標があるとき、この規定を適用して解決するという積極説も現れるに至った。東京高裁の平成12年5月8日判決によると、商標法の目的（1条）に照らして、商標の保護が、産業の健全な発達及び需要者の利益を損なうようなものであってはならず、「公の秩序又は善良の風俗」（4条1項7号）も、このような観点から解すべきであって、そうであれば、商標の使用が、社会の一般的倫理的観念に反するような場合や、それが、直接に又は商取引の秩序を乱すことにより、社会公共の利益を害する場合においても、商標は公序良俗を害するものとして、登録を受けられないと解すべきであるとする。

一つは、個人による法人名の出願である。「××株式会社」からなる商標の出願が個人名の出願人からなされると、商法18条1項によって、その使用を禁止されているので、公序良俗を害し拒絶されることになる、という従来の取扱いである。(注87) これを支持して、本号は、法律行為の効力に関する規定ではないため、それを禁止する理由の如何を問わず、公序良俗に反するものと認める学説(注88)がある。これに対し、商標それ自体に公序良俗に反するところは全くないから、これを認めるべきではないという学説(注89)もある。それは、会社名で登録を受けた後、個人に譲渡すると、実質的な理由を失うことになるからである。また、法人格を有する商号であって、自己の商号と異なる商号を表した商標は、商号単一の原則に反するから、原則として、この規定に該当するものとして登録を受けることができない。(注90) 東京高裁は、平成11年4月14日判決(注91)において、Indian Motorcycle Co, Inc、の文字を含む商標であっても、それが株式会社又は有限会社を一義的に意味するものではないとし、公序良俗に反するという審決を取り消している。

二つは、外国の有名商標・人名の出願である。わが国民が外国の有名商標・著名な外国人の名称を無断で出願すると、国際審議に反するので、公序良俗を害し拒絶すべきである、というのが最近の取り扱いである。(注92) 例えば、審査の実務で、「MARILYN MONEOE」、「MARC CHAGARLL」、「JOAN MIRO ホアンミロ」、「ジョンレノン JOHN

LENON」等が拒絶されている。それは、外国との貿易摩擦を改善するという要請に伴って、商標の分野でも、外国の有名商標・外国人の名称等の保護を強化する必要があるからである。

三つは、フリーライド（free ride）である。著名商標の「ただ乗り」に対処するためである。それが商品の出所の混同を生ずるおそれがある場合、4条1項15号の規定により処理することができるが、そのおそれがないときには、本号の規定によって処理すべきである、という見解がある。(注93)これは、公序良俗の概念を商標法秩序との関係において理解する、という考え方に立っている点で評価されている。(注94)

四つは、不正競争目的を有する出願である。国の内外で周知又は著名となっている他人の標識について、不正競争の目的をもって出願した者に対して、その商標の登録を認めるべきであるか、従って、出願の経緯及び意図を参酌すべきであるか否か、という問題である。東京高裁は、平成11年3月24日判決(注95)において、外国の団体の名称又は略称がわが国で著名となっているとき、その承諾を得ずに、それと同一又は類似の商標について登録を受けることは、その団体の名声を僭用して不正な利益を得るために使用する目的、その他不正な意図をもってなされたものと認められる限り、商取引の秩序を乱すものであり、ひいては国際信義に反するものとして、公序良俗を害する行為というべきであるとしている。この判決に続いて、「母衣旗」商標事件に関する平成11年11月29日判決、また、DUCERAM商標事件に関する平成11年12月22日判決において、この問題を肯定している。これらの商標は、文字・図形それ自体の構成からみても、また、特定の商品に使用したとしても、一般的な道徳観念に反するものではない。ところが、出願の経緯及び意図等を考慮して、「公正な競業秩序を害するものであって、公序良俗に反するものというべきである」または、「国際商道徳に反するものであって、公正な取引秩序を乱すおそれがあるばかりではなく、国際信義に反し公の秩序を害するものである」とし、いずれも、商標法4条1項7号の規定を適用し、公序良俗を害するおそれがある商標と認めている。

第三款　問題の検討

商標法4条1項7号の規定を「母衣旗」商標事件及びDUCERAM商標事件に適用するにあたり、判決は、商標の構成又は使用からみた場合に限らず、出願の経緯及び意図を考慮して、「公正な競業秩序」又は「公正な取引秩序」を害する場合にも、公序良俗を害するものと解している。これは、公序良俗を商標法の秩序、即ち、商標法の精神により維持される「商品流通の秩序良俗」との関係において理解するものであり、(注96)望ましい方向であると考える。そこで、公序良俗の問題を解決するためには、商標保護の本質に遡って考察する必要がある。(注97)

第一に、商標を保護する目的を明らかにし、商標権の本質を検討する。商標は、自他の商品・役務を識別するための標識をいう（商標2条1項）。商標を商標持主が使用することにより、競争商品・役務間の識別（区別）をなし、従って、公衆（需要者・消費者等）の選択を可能にする。商標は、公衆の信頼を得ると、業務上の信用・グッドウィル（Goodwill）を化体し、財産的な価値を有するに至る。この意味で、商標は、知的財産又は無体財産である。

この商標について、無断使用という不正競争が出現すると、商標持主の業務上の信用を損なうだけではなく、公衆の利益をも害し、従って、公正な競争秩序を乱すことになる。そこで、わが国の商標法制は、明治の頃より、競業秩序を維持し、商標持主と公衆（需要者・消費者の外に、競業者も含む）の利益を適正に調整するために、商標を保護している。これには、商標法と不正競争防止法が属する。商標持主は、商標を商品・役務に使用できる「使用権」（実質的な商標権）を有する。これは、商標の使用によって、公衆の信頼を得て、業務上の信用を蓄積し、超過利益を取得する。これを化体し周知又は著名となった商標の不正競争について、不正競争防止法によって保護を受ける（不競2条1項1・2号）。商標を確実に保護するためには、登録を受けて、他人に対し登録商標の使用を禁止する「商標権」（形式的な商標権）を取得することである（商標25条本文）。この意味で、商標権は、商標の使用権を確保するための禁止権といってよい。ここでは、商標の保護について、実質的商標権と形式的商標権の区別を前提としている。(注98)そうすると、何人も、「公衆の領域」（Public Domain）に属する商標を商品・役務に使用する、使用権を有する。それは、商標が、公衆の信頼を得て、業務上の信用を蓄積しかつ維持しているから認められるのである。それでは、商標権をもって、公衆の使用を禁止するのは何故であろうか。商標権は、登録を根拠とするために（登録主義）、業務上の信用の蓄積していない未使用の商標であっても登録を認めることになる。しかし、このような商標の登録を認める理由は明確ではない。一般的には、産業育成政策という公共政策の観点から根拠付ける外ない(注99)。より正確には、商標権は、商標の使用を交換条件として付与されるものである。商標持主は、登録商標を使用できるし、その代わり、公衆は、それによって、利益を受ける、という意味で、両者の合意が成立する。

このように解すると、商標権は、商標持主と公衆との利益を適正に調整することになる。商標持主は、形式的な禁止権である商標権を有するのに対し、公衆は、実質的な使用権を留保している。また、商標持主は、公衆の信頼と合意を基礎とするので、両者の間には、一種の契約の成立がみられる。これらの要素を組み合わせると、公衆は、商標持主との契約により、実質的な使用権を留保し、形式的な禁止権を付与する。これに対し、商標持主は、商標を使用することにより、自らの利益を取得するとともに、公衆の利益をも図ることになる。この意味では、商標権は、公衆から、いわゆる、仮託を受けた権利といってよい。

第二に、商標権の本質から、公序良俗の問題を考察する。このような観点から、商標法４条１項７号の「公序良俗」に関する規定を解釈すべきことになる。商標権は、公衆の信頼を得て、業務上の信用を蓄積するし、また、公衆の同意（登録）を得て、禁止権を認められるものである。そうすると、次のような場合には、公序良俗を害するので、登録を受けられないものと解する。一つは、商標として使用することによって、公衆の信頼を得て、業務上の信用を蓄積できないものである。例えば、商標の構成が矯激な文字や卑猥な図形からなるもの、また、商標を商品・役務に使用すると、社会道徳に反するものは、公衆の信頼を受けることはないからである。他は、商標として登録、即ち、公衆の同意を受けることによって、公衆に対して商標の使用を禁止できないものである。例えば、他人の著名商標に「ただ乗り」して、これを自らの商標として、または、不正な取引慣行をもって他人の標識・商標を自らの商標として登録出願することは、公衆の同意を得ることはないからである。

第四款　おわりに

商標法4条1項7号の「公序良俗」の解釈にあたり、従来、学説・判例で論議されている問題点を整理することになった。その結果として、商標の保護について、商標持主と公衆の利益を適正に調整するためには、商標法の目的とする「公正な競業秩序」との関係で理解する方向が必要であることを見い出した。拙は、このような方向を更に進めることによって、いわゆる、商標権の仮託的な構成を立論し、かつ、このような観点から、公序良俗の問題を考察することにした。

第二節　判例研究

第一款　商標と使用

商標の使用は、商品について商標の機能を営まなければならないとする浦和地裁平成3年1月28日判決（昭和62（ワ）226号、商標権侵害差止請求事件、判例時報1294号144頁控訴）を考察する。（注100）

一．事　実

1．事件の発生　(1)X（原告）、「アイメガネジャパン株式会社」は、指定商品を第23類（時計、眼鏡、これらの部品及び付属品）とする登録商標＝「本件各商標」（商標目録番号１～11）について、商標権を有する。これらは、連合商標となっている。これに対し、⑵Ｙ（被告）は、昭和53年４月、コンタクトレンズの販売・修理及びこれに伴う検眼サービス等を行うことを営業目的とする店舗を開設した。前者の部門に「アイコンタクト・メガネ」、後者の部門に「アイコンタクト診療所」という名称を付した。Ｙは、「本件各標章」（標章目録番号１～７）を①店舗の「看板類」や「出入口扉」、②商品宣伝用「パンフレット」や営業の「案内状」、③「眼鏡ケース」や「眼鏡拭き」設備に使用してきた。

２．Ｘの訴の提起　⑴Ｘは、Ｙが販売等のために取扱う商品に本件各標章を使用すると、商標権の侵害になると判断した。本件各商標は、いずれも、「アイ」という称呼、「愛」という観念、「目」又は「メガネ」の図案、これらの組合せによって構成されまた、語頭の「アイ」の部分を要部とする。したがって、本件各商標は、本件各標章の要部「アイ」と外観・称呼・観念のいずれかを同じくしている。そこで、Ｘは、Ｙに対し、本件各商標権の侵害による損害賠償の請求をもって、浦和地裁に訴を提起した。これに対し、⑵Ｙは、その販売等のために取り扱う商品に対し、本件各標章を使用しても、Ｘの商標権を侵害することにはならないと反論した。すなわち、先ず、①本件各商標と本件各標章とは非類似である。本件各標章において、「アイ」は、「メガネ」「コンタクト」等との用語と結合して表示されている。「アイ」は、英語の eye ＝目を観念させるにすぎず、愛・哀等の観念を生ずることはない。したがって、「アイ」は、本件各標章の要部をなすものではない。また、これらの商標は、図形商標であり、文字商標ではない。その外観にのみ自他商品識別力があるにすぎない。したがって、これらの商標は、本件各標章と外観を異にする。次に、②本件各標章は、商標として使用しているのではない。その営業として行う眼鏡・コンタクトレンズに関する検眼・修理・販売等のサービス業務の目印となる「サービスマーク」又は「屋号」として使用しているのである。

３．本判決　本判決は、平成３年１月28日、Ｘの請求の一部を認容し、かつ、一部を棄却した。これに対し、控訴の申立がなされている。

二、判　旨

本判決の判旨は次の通りである。⑴「商標は、これを商品について使用することにより、その商品とこれと同種若しくは類似の他の商品とを識別して、その出所を明らかにし、取引関係者や一般の需要者に対し、これが一定の品質を有しているものであることを保証するという機能を営むものであるから、ある標章が商品について使用されたことに関して、これが商標として使用されたものか、そうでないかの判断は、右標章が商品について前述したような商標としての機能を営むに至ったかどうかによるべきであって、これを使用した者の主観的な意思・目的によるものではないと解するのが相当である」と判示し、次のように、Ｙによる標章の具体的な使用態様を判断している。⑵本件各標章について、店舗の名称として使用するためには、標章それ自体から生じる観念からみて、それを示す表示ないし状況、例えば、表示する位置の大きさ、店舗の所在地・電話番号・営業時間等の併記の有無及びその態様、製造業者の商品に付した商標の表示等の事実が付け加わることを必要とする。その結果、店舗の看板に対し表示することは、その店舗で販売等のために取扱う商品について商標の機能を営んでいるとして、商標の使用であると認める。これに対し、商品宣伝用パンフレット・営業の案内状、眼鏡ケース・眼鏡枠に対し表示することは、その表示の状況から、店舗の名称を示しているとして、商標の使用でないと認める。

三、研　究

１、はじめに　本件は、店舗の看板類・商品宣伝用パンフレット等に対する標章の使用が商標権の侵害となり、従って、これに基づき、損害賠償の請求ができるか否か、という事件である。本件で提示された問題は、主として、「商標としての使用」である。そこで、この問題について、本判決の立場を明らかにし、従来の学説判例と比較した後に、一応の結論を出してみたい。

2．本判決の構成　本件では、ある標章が商品に使用されるとき、商標として使用されているのか否か、という問題が論議されている。⑴一つの立場（Yの主張）は、その標章を使用した者の主観、即ち、主観的な意思・目的により判断すべきであるという。本件各標章は、販売等のために取り扱う商品の出所表示、即ち商標として使用する訳ではなく、サービス業務の目印となるサービスマーク又は屋号として使用するものである。これに対し、⑵他の立場（Xの主張）は、その標章を商品に使用することにより、商品取引者や一般の需要者が、その商品と他の商品との間に誤認・混同を生ずるか否かによって判断すべきであるという。たとえ、その標章をサービスマーク又は屋号として使用したつもりであっても、これを商品に使用することにより、その商品と他の商品との間に誤認・混同が生ずるときは、その標章は商標として使用されたものである。本判決は、後者の立場をとる。その標章を商品に使用することにより、その商品について商標としての機能、即ち、商標は、自他商品を識別し、その出所を明らかにし、取引関係者や一般の需要者に対し、一定の品質を保証する、という機能を営むか否かによるべきであるとしている。

3．従来の判例・学説　商標法によると、商標権は、指定商品に対し登録商標を使用する専有権であり（25条）、これを侵害すると、差止請求権・損害賠償請求権等が生ずる（36条～38条）。ここで、商標の使用とは、商標（2条1項）を商品・包装に付する行為等をいう（2条3項）。しかしながら、形式的には、このような行為に該当したとしても、商標権の侵害とならないような場合もある。そこで、商標の自他商品識別性を基準として、商標の使用を判断すべきことになった。いわゆる「商標的使用」という概念が用いられている。この識別性に至る構成には、二通りある。一つは、商標の概念（2条1項）から導くものである。他は、法技術的な概念ではなく、社会通念上の商標から導くものである。しかしながら、問題は、このような識別性をどのような観点から判断すべきか、ということにある。第一に、自他商品を識別する目的という、使用者の主観的な意思・目的を基準とする見解（主観説）である。本件のYのように、侵害事件における被告が主張することになると思われる。第二に、使用の態様からみて、自他商品の識別機能を有する商標である、という客観的な事実を基準とする見解（客観説）である。東京地裁昭和51年10月20日清水次郎長事件判決（判例タイムズ353号245頁）、東京地裁昭和55年7月29日テレビマンガ事件判決（判例時報977号92頁）、東京地裁昭和63年9月16日ＰＯＳ判決（無体集20巻3号444頁）がある。第三に、使用者の主観面と表示の使用態様という客観面とを総合的に勘案して判断する見解（折衷説）である。福岡地裁昭和46年9月17日巨峰事件判決（無体集3巻2号317頁）及び大阪地裁昭和51年2月24日ポパイ事件判決（無体集8巻1号102頁）である。本判決の構成は、次の通りである。商標の本質は、自他商品の識別性であり、出所表示や品質保証という機能を営むものである。その結果、商標としての使用が問題となる。この判断に際し、使用の態様からみて、商品について、このような機能を営むか否かを基準とする。

4．検討　本判決の構成を私なりに検討してみたい。先ず、⑴商標の本質や機能を基準とし、「商標的使用」の概念を設定する、という結論に対しては、異論を差し挟む必要がない。しかし、その理論構成については、明示していないが、このような結論を社会通念上の商標から導いていることに疑問を提示したい。商標法によると、商標は、「商標」という構成要件に該当し（2条1項）、かつ、登録要件を具備することを要する（3条・4条）。商標の構成要件として、「標章」であること、また、これを商品に使用することを定めている。これらに加えて、自他商品の識別性をも要するものと解すべきである。それは、商標の本質だからである。この識別性を判断する基準を法定し、登録要件としている（3条）。次に、⑵商標的使用の判断に際し、使用の態様からみて、商標の機能を営むことができるか、という基準を用いることにも異論はない。商標法は、商標独占と自由競争との衝突、従って、商標の使用者と公衆との利益を調整するものである。このような目的に照らしてみると、商標の使用が明確となる客観説の方が適当である。それは、主観説が、使用者の主観な意図により判断するのに対し、客観説は、取引者や需要者の認識により判断するからである。

5．おわりに　本件は、Ｘの商標権とＹのサービスマーク又は屋号の使用利益との衝突である。したがって、これらを解決するためには、両者の利益を区別することである。商品に係る利益（グッドウィル）を表示するか、または、営業所（店舗）に係る利益（グッドウィル）を表示するか、ということである。本判決は、このような考慮をし、ある面で、商標として認め、他の面で、営業表示と認めたのである。

第二款　普通名称

フロアタムは普通名称であるとする東京高裁平成3年6月20日判決（東京高裁平二（行ケ）一五〇号、審決取消請求事件、判例時報1396号132頁、認容（確定））を考察する。（注101）

一．事　実

1．事件の発生　⑴Y（被請求人・被告）は、昭和50年11月27日、「FLOOR TOM」と「フロアタイム」とから成る商標を、第24類「おもちゃ、人形、娯楽用具、運動具、釣り具、楽器、演奏補助品、蓄音機、レコード、これらの部品および附属品」につき、登録出願し、昭和54年2月27日、設定登録（第1373053号）を受けた。それ以後、Yは、平成元年1月27日、更新登録を受け、この登録商標（以下、本件商標という）に対する商標権の権利者である。これに対し、⑵X（請求人、原告）は、昭和54年6月28日、本件商標につき、特許庁に対し、登録無効の審判（同年審判第7613号）を請求した。ここでは、「FLOOR TOM」（フロアタム）の語は、登録前から、打楽器の一普通名称として取引上通用している。したがって、本件商標は、自他商品の識別性を欠き（商標3条1項1号）、また、それ以外の商品につき品質誤認のおそれがある（商標4条1項16号）、と主張する。⑶この審判請求に対し、特許庁は、平成2年4月5日、審判の請求を棄却する審決をなした。この審決の要旨は、次の通りである。まずXは審判請求の利益を有する。それは、XとYとは同業者であり、従って、登録の適否につき利害関係を有するからである。次に、本件商標の登録は、無効とはならない。普通名称とは、ある名称が、その商品を表示するものとして、取引上普通に使用されていることをいう。

Ｘの提出した証拠に照らしてみると、「floor tom」の語は、普通名称とはいえない。したがって、本件商標は、自他商品の識別性を有し（商標３条１項１号）、また、その商品に使用しても、商品の品質の誤認を生ずるおそれもない（商標４条１項16号）。

２．審決取消請求の事件　Ｘは、この審決を不服として、東京高裁に対し、次のような事由（取消事由）をもって、審決取消訴訟（平２行ケ１５０５号）を提起した。本件審決は、本件商標が打楽器の一種の普通名称であり、取引において広く使用されている点の認定、判断を誤った結果、本件商標はその登録を無効とすべきではない、と結論づけたものであって、違法であるから、取消されるべきである、と主張する。東京高裁は、この訴訟につき審理した結果、平成３年６月20日、Ｘの請求を認容し、原審決を取消す旨の判決をなした。この判決は、確定している。

二．判　旨

本判決は、「本件商標の登録は、商標法第46条第１項第１号の規定により、無効とされるべきであり、これと結論を異にする審決は、違法なものとして取消を免れない」と判示している。この理由は、大要、次の通りである。先ず、

(1)商標法第３条第１項第１号の規定を適用するための基準時を登録査定時と判示している。商標登録の無効審判（商標第46条）とは、本来、商標登録されるべきでなかった場合、または、登録後の事由により登録の存在を認めるべきでない場合に、商標権者に登録商標を使用する権利を専有させることは、商標の保護利用を図ることにより産業の発達に寄与する、という法の趣旨、目的に反することになるので、第三者の請求により、これを無効にすることを認めた制度をいう。そして、同条第１項第１号の規定は、商標登録出願がその要件を具備せず、拒絶査定を受けるべきであるのに誤って登録された場合を無効事由とするものであるから、商標登録が同条第１項第１号の規定により同法第３条の規定に違反してなされたかどうかの判断は、登録査定（商標17条、特許60条）時を基準としてなすべきである、

と解している。

次に、(2)本件商標は、同法第3条第1項第1号に規定する「その商品の普通名称を普通に用いられる方法で表示する標章のみからなるもの」に該当する、と判示している。登録査定日（昭和53年11月11日）の時点では、「floor tom」の語、あるいは、その発音を片仮名書きした「フロアタム」の語は、わが国の楽器業界においてドラムの一種類の名称として取引上普通に使用されていたと認められるから、これらの語は、その時点で、ドラムの一種類の名称となっていたと解するのが相当である。しかも、本件商標は、これらの語を普通に用いられる方法で表示したものであることは明らかである、としている。

なお、(3)本件訴訟で、Xが、新たに提出した証拠に基づいて主張したことについて、これを認めている。Xは、審判手続きで、本件商標の登録無効事由として、「floor tom」あるいはフロアタム」の語が普通名称である、と主張し、これに沿う書証を提出していたのであるから、審決取消訴訟で、右主張を裏付けるため、更に、新たな証拠を提出することは、審判手続きで審判判断を受けるYの利益を奪うものではなく、もとより許されることである、としている。

三．研　究

1．はじめに　本件は、本件商標が自他商品の識別力（商標3条1項1号）を欠如するか否か、従って、その登録を無効とすべきか否か、の事件である。本件で特に論議されたのは、「FLOOR TOM」（フロアタム）の語が、商標法3条1項1号における「普通名称」に該当するか否か、という問題である。そこで、本号の適用に関する問題を取り上げ、一般的な考察をした後に、本判決の構成及び結論を検討してみたい。

2．本件の問題　本件では、商標法3条1項1号における「普通名称」の解釈をめぐり、見解の対立がみられる。一見すると、普通名称の意味については、何も争いがないかのように思える。たしかに、いずれも、次のような点で、一致した解釈を示している。普通名称とは、「わが国」において、ある名称が「その商品を表示するもの」として、「取引上普通に使用される」ものをいい、この判断をなすに当り、「登録査定時」を基準とすべきものとしている。ところが、問題は、本件では、明示的に論議されていないが、普通名称であると「誰」が認識するか、という基準である。この基準については、争いがある。一つは、「特定の業界」で普通名称と認識されればよい、と解する。他は、取引者、需要者を含めた「需要者」が普通名称と認識しなければならない、と解する。以下、本号における「普通名称」の意義について、従来の学説、判例を明らかにする。

3．普通名称の意義　商標法３条１項１号は、「普通名称」を含む商標を登録しないものと定めている。これを登録しない理由は、一般に、普通名称を「その商品について使用しても出所表示機能あるいは自他商品の識別力がないことは明らかであるから(注102)」、商標権という独占権を与えるべきではない、といわれている。本号を適用するためには、次のような要件が必要となる。先ず、「商品の普通名称」であり、次に、これを「普通に用いられる方法で表示」することであり、最後に、このような「標章のみからなる商標」である。ここでは、「商品の普通名称」が問題となる。普通名称の意味について、学説・判例を眺めると、次の通りである。

第一に、普通名称は、「商品の普通名称(注103)」（大審明治39年４月11日判決・明治39年(オ)85号）、「商品の一般的名称(注104)」（福岡高昭和62年９月７日判決・昭和61年(ネ)200号）、「商品自体の名称」（東高昭和35年７月５日判決、昭和34年(行ナ)31号）等、といわれている。これは、商品名（例えば菓子に「菓子」「かし」「KASHI」）に限らず、商品の略称・俗称等（例えば、バイク（自動自転車）、板チョコ（板チョコレート）、正宗（清酒）、京人形（人形）をも、含むことになる。

第二に、普通名称は、取引上の通用性を要する、といわれている。すなわち、「取引界において……意識されるに至ったもの(注105)」、「取引界において……認められている名称(注106)」、「取引界において……通用しているもの」（福岡高昭和62年９月７日判決）、「取引上普通の使用される事実」（大審昭和８年９月12日判決、昭和８年(オ)682号）等である。この通用性は、「国内一般」ではなくとも、「ある一地方」でもよい（大審明治36年7月6日判決、明治36年(オ)329号、大審明治40年7月8日判決、明治40年(オ)264号)。

第三に、普通名称と判断するための基準である。一つは、判断の時である。これは、一般の行政処分と同様に、行政処分の時、即ち、査定又は審決の時である、と解されている（東高昭和46年9月9日判決、昭和45年（行ケ）5号）。他は、判断者、即ち、普通名称と誰が認識するか、の基準である。これについては、「取引者（業界）」、「需要者」、「取引者、需要者」（東高昭和42年12月21日判決、昭和39年（行ケ）27号）、「取引者、需要者のみならず一般世人」（東高昭和42年7月6日判決、昭和38年（行ナ）55号）等といわれている。[注107] なお、普通名称は、それを商品（指定商品）に使用されるときに限られる。普通名称でも、その商品以外のものに商標として使用されるとき、商品の識別力が生ずる。これによって、商品の品質誤認を生ずるおそれもある。

4．本判決の立場　本判決は、商標法3条1項1号における「普通名称」の意義を明らかにし、「FLOOR TOM」（フロアタム）の語を普通名称と認定している。普通名称とは、「わが国」において、ある名称が「その商品を表示するもの」として、「取引上普通に使用される」名称をいい、この判断をなすに当たり、「登録査定時」を基準とすべきである、としている。これは、従来の学説・判例の立場を踏襲するものである。しかしながら、更に、「特定の業界（取引者）」を基準としている点において、従来の立場との関係が明確ではない。

5．検　討　普通名称と誰が認識するか、の基準は、取引者であるか、あるいは、需要者であるか、という問題を検討する必要がある。「商標」とは、商標法上、商品又は役務に使用される標章（文字、図形、記号、これらの結合又はこれらと色彩との結合に構成要素を限る）をいい（商標2条1項）、平成3年（1991）の改正により、「商品標章」（狭義の商標）のみならず、「役務商標」（サービスマーク）をも含むようになった。

この観点からみると、商標に識別性が求められていないようにみえる。しかし、商標は、本来、自他の商品又は役務を識別するための標識であり、「識別性」を本質とする、といわれている。この識別性の有無を判断するために、客観的な基準を定め、登録の要件としている（商標３条）。これは、「競業秩序の維持」という商標法の目的からの要請である（商標1条）。その結果、商標の識別性は、次の二つの基準をもって判断すべきことになる。一つは、商標の構成要素からみると、識別性を欠如する商標（例えば、普通名称、慣用商標、記述的商標、ありふれた氏又は名称、きわめて簡単でありふれた標章）を例示的に列挙するものである（商標３条１項）。他は、前項の識別性を欠如しても、商標の使用からみると、識別性を有する商標（永年使用による識別性）を認めたものである（同条２項）。ここで、商標の識別性とは、商標法上、需要者が、何人かの業務に係る商品であると認識できることをいい（商標３条１項６号、２項）、従って、それを判断するための基準は、需要者の認識である。このような意味で、普通名称と誰が認識するか、の基準は、取引者に限るべきではなく、取引者・消費者を含めた需要者である、と解すべきである。

６．おわりに　判決の結論は別としても、「普通名称」の判断に当たり、需要者の立場を基準とすべきである。したがって、「FLOOR TOM」（フロアタム）の語を普通名称と認定するに際しても、特定の業界（取引者）の認識に限られるべきではない。消費者の立場から、この語が普通名称と認識されたか否か、の検討も欲しかったと考える。

第三款　商品の産地

ワイキキ商標は産地・販売地の表示であるとする最高裁昭和54年４月10日判決［昭和53年（行ツ）第１２９号審決取消請求事件、集民126号507頁、判タ395号51頁、判時927号233頁―上告棄却］を考察する。(注108)

一．事　実

１．事件の発生　(1) Ｙ（被請求人・原告・被上告人）は、昭和39年７月21日、「ワイキキ」商標を第四類「せっけん類（薬類に属するものを除く）、歯みがき、化粧品（薬剤に属するものを除く）、香料類」につき登録出願し、昭和45年４月21日、登録（第８５３８５８号）を受けた。それ以後、Ｙは、この登録商標（以下、「本件商標」という）の商標権者である。これに対し、⑵Ｘ（請求人・原告・被上告人）は、昭和48年９月８日、本件商標につき、特許庁に対し、登録無効審判（特許庁同年審判第６５８２号事件）を請求した。ここでは、「ワイキキ」は、単なる観光地ではなく、ハワイで最も繁華な商店街で、化粧品・香水の産地・販売地でもある。したがって、本件商標を指定商品に使用すると、商標法３条１項３号及び４条１項16号の規定に違反し、登録無効とすべきである、と主張する。⑶特許庁は、昭和52年９月14日、「本件審判の請求は成り立たない」という審決をなした。「ワイキキ」は、化粧品・香水の世界的に有数の生産・販売地であるとは認められないし、本件商標に接する取引者・需要者はこれを観光保養地「ワイキキ海岸」と認識するとみるのが社会通念上相当である。そうすると、本件商標をその指定商品に使用しても、それが商品の生産・販売の場所を表すものとは認められず、本件商標は十分自他商品の識別機能を果しうるものである。また、これを香水等の化粧品に使用しても、ハワイ特有の南国の香り高い花の香をセットしているような印象を抱かせることもないから、商品の品質の誤認を生じさせるおそれも全くない。したがって、本件商標は、商標法３条１項３号及び４条１項16号の規定に違反しないから、登録を無効とはできない、という。

２．審決取消請求事件　⑴Ｘはこの審決を不服として、東京高裁に対し、次のような事由（取消事由）をもって、審決取消訴訟を提起した。わが国において「ワイキキ」といえば、審決のいうように、観光保養地として知られているだけではなく、気軽な海外ショッピング場として、そして、そのショッピングの対象中にハワイ特産の香水があることも知られているのである。そうすると、「ワイキキ」の文字からなる本件商標をその指定商品たる香水等の化粧品に使用した場合、需要者は、商品の単なる産地・販売地の表示として認識することは明らかであり、また、このような著名な地理的名称からなる商標を一私人に独占させることは、公益的見地からも好ましいものではない。よって、本件商標について、自他商品の識別力ありとして、これを無効としなかった審決の判断は誤りであって、違法であるから、取消されるべきである、という。これに対し、(2)Ｙは、次のような理由をもって、審決の判断は正当であって、Ｘ主張のような違法はない、と反論する。わが国において「ワイキキ」といえば、観光保養地としてのワイキキ海岸を指称するものであり、取引者・需要者に香水の産地・販売地として認識されているとは考えられないから、本件商標を指定商品の化粧品に使用しても、その指定商品との関係において十分自他商品識別機能を持っている。

東京高裁は、昭和52年6月28日、Ｘの請求を認容し、本件審決を取消す旨の判決をなした。「ワイキキ」は、本件商標の登録された昭和45年4月当時すでに「ワイキキ海岸」及びこれに隣接した繁華街を含む観光地域の総称としてわが国においても著名であったというべきであり、しかも、同地における代表的土産品の一が花香水であった以上、「ワイキキ」の文字からなる本件商標をその指定商品中香水等の化粧品に使用した場合には、一般の需要者をして、その商品が「ワイキキ」で生産販売される土産品であるかのように誤認させるものがあり、また、その他の指定商品について使用した場合にも、その商品が観光地「ワイキキ」で生産販売される商品であるかのように誤認させるものがあるといわざるを得ない。したがって、本件商標は、指定商品との関係上、商標法3条1項3号にいう「商品の産地、販売地……を普通に用いられる方法で表示する標章」からなるとともに、同法4条1項16号にいう「商品の品質の誤認を生ずるおそれがある」ものに該当する、という。

3．審決取消請求事件　Ｙは、原判決を不服として、最高裁に対し、次のような理由「上告理由」をもって、全部破棄を求める旨の上告の申立（昭和53年（行ケ）第129号）があった。(1)一つには、「ワイキキ」は、香水の産地でもなく、また、商標法3条1項3号にいう販売地でもないからである。商標法3条1項3号は、特別顕著性のない商標として、いわゆる記述的商標を定めるものである。ここで「産地・販売地」を普通に用いられる方法で表示する標章のみからなる商標を挙げているのは、次の理由からである。それは、産地・販売地の表示は、何人もこれを使用する必要があり、かつ何人もその使用を欲するものであること、また、実際の産地・販売地が商標と異なる場合には需要者を誤認せしめることになるからである、とされている。したがって、ここで「販売地」とは、たまたまその土地でその商品が販売されているというだけでは足らず、その商品の販売地として広く知られ、その地名を商標として用いると、その土地において販売された商品であると誤認されるおそれがある場合でなければならない。しかし、このような誤認のおそれはない、と考える。

⑵二つには、本件商標をその指定商品中香水を除くものに使用したときその商品の産地・販売地につき誤認を生ずるおそれがないからである。本件商標は、第四類「せっけん類（薬類に属するものを除く）・歯みがき・化粧品（薬剤に属するものを除く）・香料類」を指定商品とする。このうち、「香水」と「せっけん類・歯みがき・香料類」は、非類似の商品である。したがって、仮にワイキキが香水について産地・販売地であるとしても、これら非類似の商品については全く関係のない地名であり、「ワイキキで生産販売される商品であるかのように誤認させる」おそれはない。商標法４条１項16号に該当することはない。

⑶三つには、仮に「ワイキキ」が香水についての「産地・販売地」であるとされたときは、本件商標中香水及びその類似の商品に関しては無効とされることはやむを得ないが、非類似の商品については無効とならないはずだからである。商標法69条により、指定商品が二つ以上ある場合には、その指定商品ごとに商標権があり、その有効・無効の判断は指定商品ごとになしうる。したがって、本件において、仮に指定商品中の香水について無効原因があるとしても、他のものについてまでそれらを含めて無効とされるというものではない。

最高裁は、昭和54年４月10日、Ｙの上告を棄却する旨の判決をなし、無効審決を維持している。

二、判　旨

商標法3条1項3号に掲げる商標が商標登録の要件を欠くとされているのは、このような商標は、商品の産地・販売地その他の特性を表示記述する標章であって、取引に際し必要適切な表示として何人もその使用を欲するものであるから、特定人によるその独占使用を認めるのを公益上適当としないものであるとともに、一般的に使用される標章であって、多くの場合自他商品識別力を欠き、商標としての機能を果し得ないものであることによるものと解すべきである。叙上のような商標を商品について使用すると、その商品の産地・販売地その他の特性について誤認を生じさせること が少なくないとしても、このことは、このような商標が商標法4条1項16号に該当するかどうかの問題であって、同法3条1項3号にかかわる問題ではないと いわなければならない。そうすると、右3号にいう「その商品の産地・販売地を普通に用いられる方法で表示する標章のみからなる商標」の意義を、所論のように、その商品の産地・販売地として広く知られたものを普通に用いられる方法で表示する標章のみからなるものであって、これを商品に使用した場合その産地・販売地につき誤認を生じさせるおそれのある商標に限るもの、と解さなければならない理由はない。

三、研　究

1．はじめに　本件は、商標法3条1号3号及び4条1項16号の規定の適用により、「ワイキキ」という地名が、「商品の産地・販売地」に該当し、または、「品質誤認を生ずるおそれ」があるか否か、という事件である。本件で特に論議されたのは、商品の産地・販売地その他の特性を表示記述する標章（記述標章）が、需要者に誤認を生じさせるおそれのあることを要するか、という問題である。そこで、本号に関する解釈を取り上げ、一般的な考察をした後に、本判決の構成及び結論を検討してみたい。

２．本件の問題　本件では、商標法３条１項３号における「産地・販売地」の解釈について、次のような対立がみられる。いずれも本号の立法趣旨から解釈をしている。⑴第一説は、商品の産地・販売地は「広く知られたもの」であり、かつ指定商品に使用されると、「商品の誤認を生ずるおそれ」のあることを要する、という上告理由の解釈である。その根拠として、本号の趣旨について、何人も、これを使用する必要があり、かつその使用を欲するものであり、また、実際の産地・販売地が異なると、需要者を誤認させることになるからであると述べている。⑵第二説は、商品の産地・販売地には、広く知られたり、誤認を生ずるおそれを必要としない、という最高裁の解釈である。その根拠として、本号の趣旨について、取引に際し必要適切な表示として、何人もその使用を欲するので、公益上、特定人による独占を不適当とするからであり、また、一般的に使用される標章で、多くの場合、自他商品の識別力を欠き、商標としての機能を果すことができないからであると述べている。そうすると、本号における「商品の産地・販売地」については、広く知られているものでなければならないか、また、商品の誤認を生ずるおそれのあるものでなければならないか、という要件の要否が問題となる。この問題を解決するためには、本号の立法趣旨を明らかにすることが必要となる。

３．産地・販売地の表示　商標法３条１項３号においては「商品の産地・販売地」のみを表示する商標は登録されない。ここで、「産地表示」とは、その商品の生産される地（生産地）の表示をいい、「販売地」とは、その商品の販売される地域・場所（販売地）の表示をいう。これらの表示に該当するか否か、の判断については、次のような基準がある。先ず、⑴これらの表示は、その商品が表示された土地で現実に生産・販売されていることを要しないといわれている。現実に産地・販売されることを要するという審決もみられる。例えば、昭和47年７月19日審決（昭和42年審判第７９９４号）。しかし多くの判決は、これを要せず、「需要者又は取引者によって、当該指定商品が当該商標の表示する土地において生産され又は販売されているであろうと一般に認識されることをもって足りる」としている。例えば、最高裁昭和61年1月23日の二判決（昭和60年（行ツ）68号、昭和60年（行ツ）69号）。次に、⑵地名がすべて産地・販売地となる訳ではなく、土地と商品との関係において具体的に判断しなければならない、といわれている。もっとも、国家名、内外の著名な地理的名称・繁華街・行政区画等は多数の商品との関係で、一般に、本号に該当するものと判断されることが多くなる。例えば、粕漬肉を指定商品とする「有明」商標は、有明海沿岸地方で生産される漬物を直感させるから、商品の産地表示である（東京高裁昭和47年4月18日判決・昭和45年（行ツ）122号）。また、コーヒー・コーヒー飲料を指定商品とする商標「GEORGIA」は、アメリカ合衆国のジョージアで生産されたと思から、商品の産地表示である（最高裁昭和61年1月23日判決）。最後に、⑶産地・販売地の表示が、表示された土地以外の地域で生産・販売されたものであり、かつ、商品について混同誤認を生ずるとき、4条1項16号にも該当する、といわれている。商品の産地・販売地を表示することにより、その商品の価値や信用を著しく増加させるとき、産地・販売地の表であると同時に、品質表示でもある。したがって、これを商品に使用すると誤認を生ずるので、本号と4条1項16号に該当する。これが従来からの審決である。例えば、昭33年2月12日審決・昭31年（抗告）1456号。本判決は、このような従来の立場を踏襲したものといえる。商品の産地・販売地は、広く知られていたり、誤認を生ずることを要しない、としているからである。

4．本号の趣旨　商標法3条1項3号の立法趣旨については、いろいろな見解が述べられている。これらの多くは、二つの面から理由をあげている。一つは、「公益的な理由」である。これらは、商品取引に必要な表示であり、何人もその使用を必要としかつ希望するので、個人の独占使用は適当ではないという。他は、「商標の識別性」である。現実に使用され又は将来必ず使用されるので、自他商品の識別力を認めるべきではない、または、それを失っていることが多いという。ここでは、いずれの理由を重視するかによって、本号に対する見解が異なる。一つには、商標の識別性を重視すると、本号は、自他商品識別力のない商標だけを登録しない、という見解となる。(注109)二つには、公益

的な理由を重視すると、本号は、自他商品の識別力がある商標でも登録しない、という見解となる。(注110)

本判決は、このうち、後者の公益重視の立場をとるものといえる。(注111)

5．本判決の検討　本判決の構成及び結論を私なりに検討してみたい。先ず、⑴商標法３条１項３号における「産地・販売地」の意義を解釈するに当たり、本号の立法趣旨に遡る、という本件判決の立場は、適当である。この意味では、上告理由も同様である。次に、⑵「ワイキキ」という地名を産地・販売地に該当するとした結論も適切である。「ワイキキ」は、外国の著名な繁華街であることから、多数の商品についても、産地・販売地と判断されることが容易となるからである。したがって、上告理由のいうように、過去には、識別力があったもしれない。現実に、東京地裁昭和41年10月27日判決では、「明るい太陽の下にあるワイキキの海岸を連想させるものであるから使われる商品との関係で識別力を有する」とした。しかし、本件では、既に、時代取引事情が変化し、識別力を有しないことになったのであろう。最後に、⑶商標法３条１項３号の立法趣旨を公益的な理由を重視して構成する立場には、疑問を有する。商標法は、２条１項で定めた「商標」という対象に対し、３条で、商品の識別力の有無を検討し、４条で、公益及び私益からの検討をする、という構成をとるからである。この意味から、上告理由に対しては、疑問が大きくなる。商標法３条は、商標の識別力、従って、商品の出所表示機能を主として規制するものである。品質保証機能からの規制ではない。

6．おわりに　現地語では「ワイ」は水、「キキ」は流れが速い、という意味であるから、「ワイキキ」とは、水の流れが速い所をいうようである。これに対し、日本では、「ワイキキ」といえば、明るい太陽の下にある「ワイキキ海岸」を連想した。その後、時代の変化により、「ワイキキ」を繁華街と考えるようになってきた。このような事情の下で、「ワイキキ」を産地・販売地と判断したのである。

第四款　使用による識別性

ジューシー商標（果実飲料を指定商品とする）について、使用による識別性を認める東京高裁昭和59年10月31日（判決昭和57年（行ケ）第23号、拒絶審決取消請求事件（商））を考察する。(注112)

一．事　実

1．事件の発生　(1)X（原告・審判請求人）＝熊本県果実農業協同組合連合会は、昭和47年1月31日、29類果実飲料について、「ジューシー」（片仮名文字、横書）を商標として登録出願（第１５７９３号）し（本件で、本願商標という）、この製品を活発に製造・販売・宣伝広告した。特許庁は、昭和53年2月23日、この出願に対して拒絶査定をなした。これは、商標法3条1項3号を適用して、ジューシー商標は商品の品質を表示したにすぎないもの、とした。これに対し、(2)Xは、同年6月16日、これを不服として審判請求（第９４３１号）をなした。ところが、Yは、昭和57年8月4日、この審判請求を棄却した。これは、次の2点を理由とした。一つは、ジューシー商標は、商品の品質を表示したにすぎないものとし、商標法3条1項3号の規定により、登録を受けることができない。他は、Xが指定商品に永年使用したとする商標は、構成態様でジューシー商標と相違するので、本条2項により、自他商品の識別力を有するに至ったと認めることができない。

2．取消訴訟　この審決を不服として、Xは、Y（被告）＝特許庁長官を相手方として、東京高裁に審決取消訴訟を申し立てた。この理由は、次の通りである。Xの使用商標と本願商標は、社会通念上同一の商標と認められるので、商標法3条2項により、本願商標は、商品の出所表示機能を完全に満たしている。したがって、審決がこれを認めなかったのは事実誤認であり、審決は違法として取り消されるべきである、とする。

二　判　旨

東京高裁は、昭和59年10月31日、Xの請求を認容し、審決の取消しをなした。本判決は、大要、次の通りである。

先ず、(1)使用商標については、次のように、判示する。Xは、ジューシー製品を活発に製造販売宣伝広告をなした、ということを多数の事例をもって示した。そして、このような努力の結果、Xの原料果汁の生産量、ジューシー製品の種類・売上高も増加している、となした。またXは、ジューシー製品それ自体・その包装箱（収納箱）・広告について、「ジューシー」（片仮名）と「juicy」（欧文字）を用いているので、これから「ジューシー」という称呼が生ずるものとした。最後に、ジューシー製品が全国的に多数販売頒布されたことと、Xの多種多様な宣伝活動をもとにして、「ジューシー」という称呼の名称は、Xの製造販売する果実飲料を示す名称として取引者及び一般需要者に広く認識されているものとした。

次に、(2)本願商標については、次のように、判示している。本願商標と同一の範囲に属するものは、通常の活字体でジューシーと横書きされた標章と、Xが使用したとする商標であるとした。また、本願商標等の使用状態をみて、包装箱（収納箱）にXの使用したとする商標を使用したほか、新聞紙上の広告・パンフレット・ポスター・ちらし等、その他の広告で本願商標を使用したとした。最後に、ジューシーという称呼の名称はXの製造販売する果実飲料を示す名称として取引者及び一般需要者に広く認識されていたという実態と、本願商標の使用態様とを考え合わせて、次のような結論を下した。「本願商標は、おそくとも審決がされた昭和57年8月ごろには、特定の業者が製造販売する商品果実飲料を示す商標として、熊本県を中心に全国にわたって取引業者及び一般需要者に広く認識されるに至っていたと認めるのが相当である。」

三　研　究

1．はじめに　本件は、「ジューシー」商標の出願に対して、識別力（商標法3条1項3号及び同条2項）の適用が問題となっている。「ジューシー」商標（果実飲料を指定商品とする）は、商品の品質表示にすぎないのか。また、もし品質表示であっても、使用による識別力を取得したのか。更に、これらの判断の時期はいつであろうか、の問題である。ここでは、これらの問題について、本判決の立場を明らかにし、従来の立場と比較しながら、検討してみたい。

2．品質表示の問題　商標法3条1項3号の適用の問題がある。商標法は、商品の品質等のみからなる商標（記述的商標）が、普通の態様で表示されるときには、商標の登録を認めない（3条1項3号）。それは、一般的に、自他商品識別力を欠くことが多いし、かつ、何人にとっても必要な表示で、個人に独占させるのは不適当とされているからである。商法3条1項3号の適用に当たり、ある商標が品質等の表示にすぎないか否かは、その商品との関係で具体的に判断されるべきものとされている。この意味においては、本判決は、問題はないと思う。本判決は、品質表示であるか否かの点について判断していないが（Xが取消事由として争っていないため）、特許庁の査定及び審決を前提としていると思われるからである。特許庁は、査定及び審決で、「ジューシー」商標が自他商品識別の機能を有しないものとし、商標法3条1項3号を適用しなかった。「ジューシー」商標は、「野菜・果実などの汁気の多い、水分の多い」等の意味を有する英語の「Juicy」を片仮名文字で表したものである。その結果、これを指定商品（果実飲料）に使用しても、取引者・需要者は、この文字を単に商品の品質（果実のしぼり汁が多く入った商品）を表示したにすぎないものと理解するにとどまるとしている。

3．使用による顕著性の問題　商標法3条2項の適用の問題がある。商標法は、品質等の表示にすぎない商標であっても、永年使用の結果、取引上識別力を生じたものについて、商標の登録を認めている（3条2項）。これは、永年使用の事実によって、その商品と密接に結合されて出所表示機能をもつに至った商標を保護しようというものである。(注113)

商標法3条2項の適用に当たり、本件では、それぞれ見解が分かれている。特許庁は、審決で、本項の適用を否定する。使用されたという商標は、多種の態様であり、しかも、本願商標とは、構成上相違している。また、本願商標の使用は、商標としての機能を果たす使用でなければならない。したがって、本願商標は、自他商品識別力を有するに至っていない。これに対し、Xは、取消事由で、本項の適用を肯定している。使用をした商標は、本願商標とは、社会通念上、同一の商標と認められる。また、本願商標及びこれと同一の商標は、商標として使用されている。したがって、本願商標は、商標の出所表示機能を完全に満たすものとした。これに対して、裁判所は、本判決で、本項の適用を肯定する。使用されたという商標は、「ジューシー」という称呼の名称について周知となっている。また、本願商標は、使用されたという商標と同一の範囲に属する。更に、本願商標、及びこれと同一の商標は、使用状態からみて、十分に識別標識としての商標の使用である。したがって、本願商標は、特定業者の商品を示す商標として、全国にわたり取引者及び需要者に広く認識されるに至っている。ここでは、同一の商標の範囲と、商標の使用とが問題となっている。

4．商標の同一　使用により識別力を認められる商標は、現実に使用されていた商標自体であり、類似商標にまで及ばないとされる。出願された商標と、証明書に表示された商標とは同一でなければならない。問題は「同一」の商標の範囲である。特許庁は、審査基準で、同一とはならない範囲を示している。漢字を草書体から楷書体、行書体へ変更、平仮名から片仮名・漢字・ローマ字へ変更、アラビア数字から日本数字へ変更、縦書から横書へ変更、Ⓟから🄿・△P・[Ⓟ]へ変更。したがって、昭和47年6月12日の審決（昭和44年審判第８７６８号）で、「トイレコロン」の商標（第一類を指定商品とする）について、実際使用の態様がその構成と著しく相違するとして、使用による識別力を認めなかった。また、昭和45年9月18日の審決（昭和42年審判第３９９９号）で、「ビー・ジェー」の商標（第9類を指定商品とする）について、「BJ」の文字よりなる商標の使用による識別力を認めなかった。

本件では、本願商標と使用したという商標は、構成の上で相違することを認めている。しかしながら、最近では、商標の称呼による宣伝効果が顕著となっており、使用による識別力の取得も、商標の構成を通ずるよりも、むしろ称呼により取得されるのが実情である、と捉えて、現在使用している態様をそのまま表示することが必要であるが、称呼自体として識別力を取得したことが立証された場合には、その構成を中心とするのではなく、称呼も参酌すべきことになる。(注114) このような考え方は、次の判決（東京高判昭33・12・18行裁例集９巻12号２７８２頁）にもみられている。「これが高度に使用（広告等を含む）された結果、その構成にもかかわらず、或はその簡素な構成のゆえに却って一層、その商品の取引者及び需要者をして、これを使用した商品が、何人の生産、加工、販売等にかかるものであるかを、はっきり認識せしめるにいたる事例は、決して乏しくない」としている。本判決は、このような考え方を明らかにとったと思われる。「ジューシー」という称呼の名称が周知となっていることを前提として、片仮名の構成上の相違を問題としないで、本願商標と使用したという商標とを同一の範囲にあるとみている。したがって、Xのように、特許庁の「物理的同一」の考え方は、現実取引の実情に合わず、出願人にあまりに不利益になるとし、本願商標の同一は、商標という識別標識の性質から判断し、「取引社会の通念」によるべきである、という立場に至るまでもない。

５．商標の使用　使用による識別力を認められる商標は、現実に識別商標として使用されていなければならない。問題は、広告宣伝活動における商標の使用態様である。本件では、「ジューシー」の文字は、ほとんど、広告宣伝活動において使用されていた。いずれも、広告宣伝のうたい文句として、品質等の表示として、販売場所の表示として、催物の会の名称として、または、催物会場での参加者に対する案内表示（立看板を含む）の文字として等の使用であった。特許庁は、このような使用は、いわゆる自他商品の識別標識となる目印であると一般需要者をして理解させる範囲のものとはいえない、とした。同様に、昭和46年11月８日の審決（昭和42年審判第８６１０号）でも、「渕上」商標（第17類を指定商品とする）について、この「渕上」の文字のみでなく他の標章と併用されているものであって、必ずしも独立して商標の機能を果たすものとして使用されていないとし、使用による識別力を認めなかった。これに対し、裁判所は、本判決で、商標の使用には広告への使用も含むため、広告宣伝のうたい文句として使用されたとしても、そこに識別標識として用いられていることが認められるならば、商標の使用にほかならない、とした。この結論は、「ジューシー」という称呼の名称が、広告宣伝活動で、周知となったことを前提として、この宣伝広告文言中で、「ジューシー」の文字が区別されていることを認めたようである。

6．判断基準の問題　商標法3条1項3号及び同条2項の適用に当たり、いかなる時期を基準とすべきであるか、の問題が残る。本願商標は、使用開始前に出願されたものであり、その後、使用により識別力が強化されてきたものである。したがって、使用による識別力を取得したか否かを判断する時点を何時とみるかによって、その結論も異なってくる。この点について、使用開始時や登録出願時を基準とする考え方もあるが、登録時（登録又は拒絶査定時）とするのが支配的である。本件でも、特許庁は、審決で、この点を別段考慮しないで、使用による識別力を否認している。これは、審決時を判断基準としたものである。本判決では、審決時であることが明示されている。

7．おわりに　本件は、「ジューシー」商標を出願したところ、拒絶査定を受けたので、その不服審判の請求に際して、使用による識別力を主張して、使用の証拠を提出した。しかし、ここで、出願した商標と「同一」の商標を使用した、と主張しなかったことに問題があった。出願した商標と「同一」の商標が使用された証拠だけを提出すればよかったわけである。このような事情を考慮して、本判決は、出願人が使用により現に識別力を取得した商標の部分、従って、グッドウィルを形成した部分を見い出して、理論構成したものである。広告宣伝活動により、「ジューシー」の名称が周知となっているとし、その使用による識別力の判断に当たっても、その構成のみではなく、称呼も参酌すべきである、としている。この意味において、本判決に賛成したい。

月の友の会の商標を他人の商号の略称とする最高裁昭和57年11月12日判決（昭和57年行ツ第15号、審決取消請求事件、金融商事判例６６５等3頁、上告棄却）を考察する。(注115)

第五款　商号と商標

一．事　実

1．事件の発生　(1)Ｙ（被請求人・被告・被上告人）は、大正13年頃から、「月印」の登録商標を寝具類に付して販売してきた。昭和29年頃から、月賦販売方式に「月の友」の名称を用い、昭和34年以降、全国各地で小売商に「月の友の会」を結成させた。(2)Ｘ（請求人・原告・上告人）は、石川県において、昭和36年11月6日、「株式会社月の友の会」の商号をもって設立された。Ｙも、これに株主として参加し、以後もＸＹ間に継続的取引がなされていた。ところが、(3)昭和38年に至り、ＸＹ間のトラブルによって、両者間の取引は停止されることになった。その結果、Ｙは、昭和38年7月12日、第17類「衣服、布製身回品、寝具類」を指定商品として、「月の友の会」を商標登録出願し、昭和40年1月19日特許庁から登録（登録第６６４３４６号）を受けた（その後、昭和50年8月1日に存続期間の更新登録がなされた。）。

2．審判事件　(1)Ｘは、昭和40年11月11日、商標法4条1項8号、10号及び15号、16号に違反することをもって、Ｙの登録商標「月の友の会」について、登録無効審判を請求した（特許庁昭和40年審判第７６６５号事件）。ところが、(2)特許庁は、昭和53年11月7日、Ｘの請求は成り立たない旨の審決をなした。

3．取消訴訟事件　(1)Ｘは、昭和53年11月7日、商標法4条1項8号、15号、16号及び商標法の精神に違反することをもって、当該審決について、取消訴訟を提起した（東京高裁昭和53年行ケ第２１６号審決取消請求事件）。ところが、(2)東京高裁は、昭和56年11月5日、Ｘの請求を棄却する旨の判決（第一審判決）をなした。そこで、(3)Ｘは、当該高裁判決について、上告を申立た（最高裁昭和57年行ツ第15号審決取消請求事件）。

二、判　旨

最高裁は昭和57年11月12日、次の通り、Xの上告を棄却した。

先ず、⑴「株式会社の商号は商標法４条１項８号にいう『他人の名称』に該当し、株式会社の商号から株式会社なる文字を除いた略称を含むものである場合には、その商標は、右略称が他人たる株式会社を表示するものとして『著名』であるときに限り登録を受けることができないものと解するのが相当である。」「Yが登録を受けた『月の友の会』なる商標は、Xの商号である『株式会社月の友の会』から株式会社なる文字を除いた部分と同一のものであり、他人の名称の略称からなる商標にほかならないのであって、Yがその登録を受けることができないのは、『月の友の会』がXを表示するものとして著名であるときに限られるものというべきである。」以上と同趣旨の原審の判断は、正当として是認することができ、その過程に所論の違法はない。

次に、⑵原審の適法に確定した事実関係のもとにおいて、「『月の友の会』が商標法４条１項８号にいう『他人の名称の著名な略称』に該当しない」とした原審の判断は、正当として是認することができ、その過程に所論の違法はない。

最後に、⑶原審の事実関係のもとにおいて、「本件商標は商標法４条１項15号及び16号に違反して登録されたものであるとはいえない」とした原審の判断は、正当として是認することができ、その過程に所論の違法はない。

三、研　究

１．はじめに　本件では、出願された商標が他人の商号を用いたものであるか否か、従って、商標法４条１項８号の規定が適用になるか否か、の問題が提起されている。そこで、本判決における問題点を一般的に明らかにし、本件の事実に照応して具体的に検討してみたい。

2．本件の問題　本件をめぐって、商標法4条1項8号の適用について、次のような解釈が示されている。

⑴Xの解釈によると、Xの商号は、「株式会社月の友の会」であるが、株式会社は会社の法律上の組織を示す一般的名称であって、商号の要部は、「月の友の会」である。したがって、Yの商標は、Xの名称と同一であり、商標法4条1項8号にいう「他人の氏名若しくは名称」を「含む商標」である。「月の友の会」は、仮にXの名称に該当しないとしても、「月の友の会」は、Yの商標登録出願の時以前から、石川県下及びその周辺の地域において、著名なXの略称である。

⑵Yの解釈によると、商標法4条1項8号に規定する「他人の氏名若しくは名称」とは、フルネームを意味し、会社の商号中には必ず会社の種類を示す文字を用いなければならないから（商法17条）、Xの「名称」は「株式会社月の友の会」であって、「月の友の会」ではない。同号にいう「略称」は、それが「著名」な場合にのみ同条の適用があるところ、X「株式会社月の友の会」の略称「月の友の会」がYの商標の登録出願又は登録時において、Yの出願を排除し得るほどの著名性を取得していたものであるとは到底認めることができない。

⑶一審判決によると、商標法4条1項8号でいう「他人の……名称」とは、本件の場合、「株式会社月の友の会」であって、単なる「月の友の会」ではない。このことは、右条文が自然人の場合については「氏名」と規定していることと対比すれば明らかである。同号により、他人の商標登録を阻止すべき「略称」の著名性とは、Xの主張するような一地方のものでは足らず、全国的なものでなければならないと解せられるところ、「月の友の会」がXの略称を示すものとして全国的に著名であったことを認めるだけの証拠はない。

⑷本判決によると、株式会社の商号は、商標法4条1項8号にいう「他人の名称」に該当し、株式会社の商号から株式会社なる文字を除いた部分は、同号にいう「他人の名称の略称」に該当するものと解すべきである。したがって、「月の友の会」なる商標は、Xの商号である「株式会社月の友の会」から株式会社なる文字を除いた部分と同一のもので

あり、他人の名称の略称にほかならない。

登録を受けようとする商標が、他人たる株式会社の商号から株式会社なる文字を除いた略称を含むものである場合には、その商標は、右略称が他人たる株式会社を表示するものとして「著名」であるときに限り、登録を受けることができないものと解するのが相当である。したがって、Yが「月の友の会」なる商標の登録を受けることができないのは、「月の友の会」がXを表示するものとして著名であるときに限られる。

(5)そうすると、商標法4条1項8号の適用について、次の二点が問題となる。一つは、Yの商標「月の友の会」は、Xの商号「株式会社月の友の会」と同一であるか、または、Xの商号の略称であるか。他は、Yの商標がXの商号の略称であるとしたならば、その略称の著名性は、一地方のもので足りるか、または、全国的なものでなければならないか。

3．商標法4条1項8号　(1)意義　不登録事由として、他人の肖像・氏名等を含む規定は、次のような沿革をたどっている。①旧々商標法（明治42年法）2条8号「他人ノ肖像、氏名、商号又ハ法人若ハ組合ノ名称ヲ有スルモノ但シ其ノ承諾ヲ得タルモノハ此ノ限ニ在ラス」、②旧商標法（大正10年法）2条1項5号「他人ノ肖像、氏名、名称又ハ商号ヲ有スルモノ但シ其ノ他人ノ承諾ヲ得タルモノハ此ノ限ニ在ラス」、③現行法（昭和34年法）4条1項8号「他人の肖像又は他人の氏名若しくは名称若しくは著名な雅号、芸名若しくは筆名若しくはこれらの著名な略称を含む商標（その他人の承諾を得ているものを除く）」。ここでは、次のような商標は、他人の承諾を得なければ、登録を受けることができない。すなわち、①他人の肖像・氏名・名称を含む商標。②他人の著名な雅号・芸名・筆名を含む商標。③他人の氏名・名称の著名な略称を含む商標。したがって、旧法及び旧々法と異なり、②と③が追加され、また、「商号」を名称に含めて特に掲げなかった。(注116)

(2)立法趣旨　旧法2条1項5号の下では、他人の人格権の保護を目的とするか、または、商品の出所の誤認混同を目的とするか、の問題が論議されていた[注117]。判例は、①当初、商品の出所の誤認混同を防ぎ、不正競争の防止を目的とした（出所混同防止説）。「商標ノ誤認ニ因リテ商品ノ混同ヲ来シ以テ不正ノ競争ヲ生センコトヲ防止セントスルノ目的ニ出テタルモノ」とした（大判大正13・12・19民集3巻531頁）。しかし、②次第に折衷的見解（出所混同の防止と人格権の保護）に傾いてきた。「商品ノ出所ニ関シ世人ノ誤解ヲ生セシメ不測ノ損害ヲ被ラシムルコトヲ予防スルト同時ニ正当権利者ノ信用ヲ傷ツクルコトナカラシメ」ることを目的とした（大判昭和3・3・29新聞2857号、審決公報号外4号143頁）。そして、更に、③商号権者の法益の保護を目的とするに至った（人格権説）。「商号ハ商人カ……其ノ登記ノ前後ヲ問ワス自由ニ之カ使用ヲ為シ得ヘキヤ当然ニシテ従テ之ニ私法上ノ権利タル性質ヲ肯認シ……商標法カ第二条第一項第一一号以外ニ特ニ前示事項ヲ設ケタル所以ノモノハ所詮……商号権者個人ノ法益ヲ保護セントノ趣旨ニ他ナラサルモノト解スル」（大判大正17・6・19民集21巻13号699頁）。現行法4条1項8号の下では、人格権の保護を目的とすることは明らかである[注118]。判例も、「右法条の立法趣旨は、同法条が当該他人の承諾がある場合を商法登録の禁止から除いていること、同法条のほかに同条同項第15号の規定があることから考えると、他人の商品と誤認、混同を招くことによる不正競争の防止にあるのではなく、他人の氏名、名称に対する人格権を保護するにあると解する」（東京高判昭和44・5・22判タ237号309頁）とする。

(3)他人の名称を含む商標　他人の「名称」は、いかなる範囲であろうか。旧法2条1項5号の下では、「名称」は、「略称」についての定めがないため、全く同一でなくとも、同一性を有すればよいと解されていた[注119]。「カンタル」の文字からなる商標は、他人の商号「AKTIBOLAGET KANTHAL」と同一性を有するものとして（AKTIBOLAGET は株式会社を意味し、商号としての要部は KANTHAL にある）、著名性を問題とすることなく、本号を適用した判決（大判昭和17・6・19民集21巻13号699頁）がある。現行法4条1項8号の下では、旧法とは異なり、「名称」とは別に「略称」が加えられており、しかも著名性が要求されている。そこで、出願商標は、他人の「名称」にあたるか、または、他人の「略称」

にあたるか、の問題が論議されている。[注120] 一方では、法人における他人の名称とは、「登記上の記載全体を指す」として、「SEVEN UP」の文字からなる商標は、他人の名称（商号）「The seven-up Company」にあたらない、という判決（東京高判昭和52・6・1参考集3巻515頁）がある。他方では、法人における他人の名称とは、法人の種類を示す部分（株式会社、財団法人）を除いた部分を指すとして、「日本美容医学研究会」の文字からなる商標は、他人の名称「財団法人日本美容医学研究会」にあたる、という判決（東京高判昭和52・12・22判タ民集364号277頁）がある。なお、現行法の解釈としては、氏名・名称等のフルネームでなければならないから、略称や氏名・名称の一部のみでは同一性ありとして本号を適用することはできず、それが著名である場合に限って本人の同意を要することになる、という見解が多いようである。

⑷他人の略称の著名性　他人の略称の著名性は、いかなる程度であろうか。先ず、①他人の略称等を著名なものに限るのは、一般的には、略称等は、氏名とか登記された名称と異なり、ある程度恣意的なものだから、すべてを保護することは行き過ぎである、という理由があげられている。[注121] しかし、雅号等は、適宜選択し、あるいは、変更できるし、それが著名な場合でなければ、出所の誤認混同を生ずる虞はまずないからではなかろうかとし、旧法時と規定を異にする現行法のもとでは、本号の立法理由について当時の折衷説が適当である、という考え方もある。[注122]

次に、②著名性について、社会通念上、特定人を指すものとして認識しうる程度の知名度であって、その程度は氏名・名称よりも高い場合に初めて同一性を認識しうると解すべきである。しかし、著名商標の概念としての「周知商標中、特に知名度の高いもの」というような著名性の要求は過度のものと解されている。[注123] また、その著名であるかどうかは、商品との関係において、相対的に判断しなければならない。例えば、「寅吉」の文字を商標としてゴルフ道具に用いた場合、「中村寅吉」の略称となるが、それを菓子・機械類に用いた場合、そのように理解されないであろう。[注124]

4．本判決の検討　⑴従来の判例との比較　本判決は、従来の判例からみて、どのような意味を持っているのか。

先ず、①Ｙの商標「月の友の会」は、Ｘの商号の略称であると判示している。これは、東京高裁の判決が分かれていた事項に対し、最高裁が初めて判断を示したものである点において意義がある、といえる。(注125) 次に、②明示的ではないが、Ｘの商号の略称は、全国的に著名なものでなければならないと判示している。これは、従来、余り論議されていなかった、著名性の地域的範囲について、判断を示した点において意義がある。

(2)本件の事情　本件で考慮しなければならない事情は、次の通りである。本件では、一見すると、Ｙが、「株式会社月の友の会」の商号を持つＸの承諾を受けずに、「月の友の会」の商標の登録出願したものとみえる。このような事情を前提とすれば、Ｙの商標は、商標法４条１項８号にいう「他人の名称」に該当すべきことになろう。しかし、本件を実質的にみると、Ｙは、「月の友の会」の名称を元来使用しており、しかも、Ｘの商号「株式会社月の友の会」の使用に同意を与えているので、Ｙは自己の名称を商標登録出願したものとみえる。このような事情を前提とすれば、Ｙの商標は、同号にいう「他人の名称」に該当しないことになろう。そこで本判決は、このような事情を考慮して、Ｙの商標をＸの商号の略称としながらも、「著名な」略称ではないとし、商標法４条１項８号の適用を認めない、という結論を採ったものと考えられる。したがって、本判決は、結論的にみれば適当である。

(3)検討　先ず、①本判決の理論構成には、難点がある。本判決は、商標法４条１項８号の立法趣旨を「人格権の保護」とみる見解に立脚し、その「名称」を完全に同一なものに限り、かつ、「略称」を全国的に著名なものに限る、という理論構成を採っている。人格権の保護とみる見解でも、本来、略称を著名なものに限るべき理由はないはずであるから、少なくとも、全国的な著名性を要求されないのではないか、と思う。更に、人格権の保護も、商標法における不登録事由の結果としてなされているのであり、したがって、出所の混同を防止する限りで、氏名等を保護することになる。この意味で、「氏名」の同一を判断する際にも、形式的ではなく、出所の混同を生ずるか否かを基準とすべきである。すなわち、株式会社の商号を商標出願した場合、自己の商号でも、他人の商号でも、「株式会社」の文字を除いた部分につき識別性を判断するという取扱いを考慮すれば明らかである。また、略称の「著名性」も、出所の混同を生ずる程度のものであればよく、全国的に著名でなくともよい。

次に、②本判決の理論構成にかわり、次のように解したい。本件では、ＸとＹの間には、人格的に同一性があり、Ｙの商標が、本号の「他人」の商号に該当しないものとすればよい。もし、Ｙの商標出願に対し、Ｘが自己の商号に該当すると主張するならば、権利の濫用と解してよい。

第六款　類似商標

一．事　実

モノグラム商標から生ずる称呼を認める東京高裁平成４年４月１日判決（東京高裁平３行ケ91号、審決取消請求事件、平４・１・29民13部上告判決、判例時報１４２６号121頁）を考察する。[注126]

１．事件の発生　⑴商標の登録　Ｙ（被請求人・被告）は、昭和60年１月23日から、次のような登録商標（登録第１７４１０９８号）＝本件商標に対して、商標権を有する。この商標は、ローマ字「Ｄ」と「Ｌ」を組合せて図案（モノグラム）化した構成からなり、指定商品を第21類「装身具、ボタン類、かばん類、袋物、宝玉およびその模造品、造花、化粧用具」とするものである。

⑵審判の請求　Ｘ（請求人・原告）は、昭和60年４月19日、本件商標登録を無効とする旨の審判を申立てた。この理由は、次の通りである。先ず、①本件商標と引用各商標（引用Ａ・Ｂ・Ｃ商標）は、外観及び称呼の点で類似する。すなわち、前者は、後者と外観上類似する上、その構成より「エルディー」の称呼を生じ、他方、引用商標は、その構成より「エルヴィー」の称呼を生ずるのであって、両者は、共に五音構成からなり、第３音において「デ」と「ヴ」の濁音の差にすぎず、極めて近似した響きの音といえる。また、指定商品も同じくする。したがって、商標法４条１項11号に該

当する。

次に、②本件商標は、その指定商品中に含まれるバック等に使用して周知著名な引用各商標に類似し、また、他人の業務に係る商品の出所を混同するおそれがある。したがって、商標法4条1項10号及び15号に該当する。

2．審判事件　特許庁は、この審判事件（昭和60年審判第7318号事件）につき審理した結果、平成2年12月20日、「本件審判の請求は、成り立たない」旨の審決をなした。この理由は、次の通りである。先ず、①本件商標は、引用各商標とは、外観、称呼及び観念のいずれの点よりみても相紛れるおそれのない非類似の商標である。両者は、ローマ字のDとVが字形を著しく異にするから、外観において相紛れるおそれがないとした上、称呼・観念よりみるも、モノグラム化された構成からは、いずれも特定の称呼を生ずるものとは認められないものであるから、比較すべくもない。したがって、商標法4条1項11号に該当しない。次に、②引用各商標は、たとえ著名なものであるとしても、本件商標と非類似のものであるから、Xの業務に係る商品と混同を生ずるおそれがある商標とはいえない。従って、商標法4条1項10号及び15号に該当しない。

3．取消訴訟　Xは本件審決を違法とし、取消の訴を東京高裁に提起した。この理由（取消事由）は、次の通りである。本件審決は、本件商標と引用各商標との称呼上及び外観上の類似を見過し、本件商標が周知の引用各商標に類似する商標であること又は商品の出所を混同する商標であることを見過したものである。東京高裁は、この訴訟事件（東京高裁平3行ケ91号）につき審理した結果、平成4年1月29日、Xの本訴請求を認容し、原審決を取消す判決をなした。Yは、本判決につき、最高裁に上告をなした。

二．判　旨

本判決は、取消事由のうち、本件商標と引用各商標との類否を判断するに際し、両者のモノグラム化された構成から、特定の称呼・観念を生ずるか否か、の問題について、次のように判示している。確かに、複数のローマ字をモノグラム化した構成からは特定の観念を生じることはないとしても、モノグラムとは文字の組合せであるから、文字に称呼がある以上、当該商標が複数のローマ字をモノグラム化した構成からなることが一見して明らかな場合にまで、一切称呼が生じないと解することは相当ではない。これを本件についてみるに、……本件商標がローマ字の「D」と「L」を、引用各商標がローマ字の「L」と「V」をモノグラムとしたものであることは一見して認識し得ることであるから、本件商標は「ディーエル」の、引用各商標からは「ヴィーエル」、「ヴイエル」または「ブイエル」あるいは「エルヴィー」、「エルヴイ」または「エルブイ」の称呼が生ずると解するのが相当である。してみると、本件審決が、「本件商標と引用A、B及びCの商標のモノグラム化された構成からは、いずれも特定の称呼を生ずるものとは認められないものである」旨判断したことは、誤りといわねばならない。したがって、その余の点について判断するまでもなく取消しを免れないとして、本件審決を取消した。

三. 研　究

1. はじめに　本件は、主として、商標法4条1項11号の規定の適用により、本件商標が、引用各商標（ルイ・ヴィトンの商標）と類似するか否か、という事件である。ここでは、商標の類否に関し、本件で論議された問題点を明らかにし、これを一般的に考察した後、本件判決の理論的な構成及び結論を検討してみたい。

2. 商標の類否　商標の類否については、通説・判例により、判断基準が確立されている。需要者の注意力から、商標の外観・称呼・観念について、全体的かつ離隔的に観察し、商品の出所混同を生ずるか否か、ということである。この意味で、英米法の「混同的類似」(confusing similarity)と同義といわれている。これによると、商標の類否は、外観（視覚）・称呼（聴覚）・観念（思考）という三要素を特定し、その一要素について同一又は類似するとき、両商標は類似することになる。本件では、外観と、称呼・観念との類否について、次のような対立がみられる。

先ず、⑴本件商標が、外観上、引用各商標と類似するか否か、の問題である。すなわち、一つは、両者の外観が類似する、というXの見解である。それは、いずれも、ローマ字二字からなるモノグラムの形式で成り立ち、かつ、ローマ字の「L」を共通にするからである。他は、両者の外観が非類似である、というYの見解及び本件審決である。それは、いずれも、ローマ字の「L」を共通にするけれども、「D」と「V」という著しく字形の異なるローマ字と組み合わされた構成となっているからである。

次に、⑵本件商標は、称呼及び観念上、引用各商標と類似するか否か、の問題である。一つは、いずれも、モノグラム化された商標であり、このような構成からは、特定の称呼・観念を生じない、というYの見解及び本件審決である。それは、次のような理由である。ローマ字二文字をモノグラム化して構成する商標は、全体を一つの構成として成立する図案商標となる。これによって、通常の文字として把握されるようなローマ字二文字の称呼が生じなくなり、自他商品の識別が可能となり、登録できるようになる。したがって、全体を一つのモノグラム商標として構成していることから、特定の称呼・観念は生じない。他は、いずれも、複数のローマ字をモノグラム化した構成からなることが一見して明らかであるとき、特定の称呼が生ずる、というXの見解及び本件判決である。それは、次のような理由である。モノグラムは、文字の組合せであり、かつ、文字には称呼がある。したがって、その構成要素である個々のローマ字が、明らかに判読可能な場合もあるからである。また、図形商標においても、称呼が生ずることがあるからである。

このように、本件では、商標の外観と称呼の類否・観念について論議されている。ところが、本件判決は、称呼・観念の類否を取り上げるにすぎない。それは、たとえ、外観や観念がいかに相違していても、同じ称呼が出るときには、通常、類似すると認められるからである。称呼で類似するならば、外観及び観念で相違したとしても、同一又は類似の商品に付されるとき、それらの商品の出所混同のおそれがある（東京高裁昭和59年１月26日判決、判例工業所有権法20巻２６９５の136頁）。その結果、ここでは、商標の称呼が同一又は類似するか、の問題を検討すればよいことになる。しかし、その前提として、モノグラム化された商標の構成から、特定の称呼が生ずるのか、という問題を解決しなければならない。これは、本件審決と本件判決との対立点である。本件審決は、商標が、モノグラム化された構成をとることにより、識別性を生ずるので、すべて、特定の称呼を生ずるはずがない、という。これに対し、本件判決は、商標が、モノグラム化された構成になったとしても、組立られた文字が一見明らかな場合と、そうでない場合とがあり、前者の場合には、特定の称呼が生ずることもある、という。

３．商標の称呼　⑴商標の「称呼」とは、商標の発音（文字）又は呼び名（記号・図形）をいい、「称呼の類似」とは、それにより、商品の出所を混同するおそれがあることをいう。これは、商標の類否において、重要なものである。商標は、自他商品を識別し、かつ出所を表示する標識として使用される。現在、テレビ・ラジオ等広汎な広告媒体が存在し、かつ、電話等による隔地者間の音声を利用した取引手段も活用されている。ここでは、一般の取引者・需要者は、商標の外観から離れて、称呼・観念に基づいて理解し、商取引をなすことがある。したがって、多くの場合、商標の類否は、称呼によって決まることになる。商標から称呼をどのように取り出したらよいのであろうか。それは、取引の実際における経験則に照らし、商標の構成要素から自然に生ずる称呼（自然的な称呼）を客観的に考察すべきである。

⑵この原則を本件に適用するに当たり、ローマ字二文字をモノグラム化した構成からなる商標の称呼に関する問題が残る。商標が欧米文字（例えば、Dan Jean）で構成されている場合、その商標は、その文字の普通の英語の発音法により称呼されること（ダン　ジーン、ダン　ジェイン）が多い、といってよい（東京高裁昭和55年７月23日判決、判例工業所有権法現行法編20巻２７０７の66）。ところが、ローマ字二文字（例えば、ＤとＶ、ＬとＶ）を通常の配列で商標として使用したとしても、これは、本来、「極めて簡単かつありふれた商標」であり、登録を受けることができない（商

標3条1項5号)。そこで、これらをモノグラムとして構成するとき、その商標は、自他商品の識別性を生じ、登録を受けることができるようになる、といわれている。これは、本号に関する「商標審査基準」からも明らかである。本件判決も、これを判示していないが、当然認めているものと思われる。

それでは、(3)ローマ字二文字をモノグラムをもって構成した商標は、自他商品の識別性を有する反面、特定の称呼を生ずることはなくなるものであろうか。この問題については、従来、判例・学説により、直接に論議されていないようである。本件の論議を基にして整理すると、次の通りである。一つの考え方は、モノグラム化し、極めて特殊な態様で表わされた文字は、全体として一つの図案となり、もはや、通常の文字としての役割を果たさないから、特定の称呼を生ずることはない、というものである。これが、特許庁の実務である、と思われる。例えば、幾何図形を表した商標からは特定の称呼を生じ難いと一般に理解され認識されている、という審決がある(昭和52年2月7日審決審決公報1447号69頁)。もう一つの考え方は、モノグラム化されたとしても、その程度があり、画一的に解決すべきではない、従って、組立られた文字が完全に理解できないような段階を別にして、それが明らかな段階では、特定の称呼が生ずることになる、というものである。これは、裁判所の立場である。例えば、欧文字をやや図案化した程度では、さほど困難なく看取することができる、という判決がある(東京高裁昭和60年7月24日判決　判例時報1171号13頁)。

(4)いずれの見解が適当であろうか。拙は、後説に賛成したい。それは、前説が次のような難点を有するからである。すなわち、第一点は、前者の見解のように、全体として一つの図形となり、通常の文字として認められないようになったとしても、称呼が生ずることを否定できない。それは、図形を商標として使用した場合にも、称呼が生ずることもあるからである。特に、テレビ・ラジオ等の宣伝により、需要者に強い印象を残して記憶されやすいように、元来、称呼を生じなかった図形に呼称をつくる傾向が強くなっている。例えば、武田薬品の「ウロコ」印、八幡製鉄の「マルエス」印等。第二点は、前者の見解は、論理的に矛盾している。モノグラム化されると、一方で、通常の文字として把握されない、といいながら、他方で、ローマ字の「D」と「V」の相違という外観上の顕著な相違がある、と認めるからである。その結果、本件判決の理論構成に賛成することになる。たとえ、ローマ字二文字をモノグラム化したとしても、それらの文字が一見明らかであるならば、特定の称呼が生ずることもある、という構成である。

それでは、(5)このような理論構成を本件に適用すると、これらの文字が一見明らかである、という認定は適当であろうか。商標の称呼は、その使用される商品の需要者を基準とすべきことになる。引用各商標は、バック等について周知著名な商標であり、この事情を考慮すると、需要者により、ローマ字の「L」と「V」は「ルイヴィトン」の略語として認識されていることは明らかである。したがって、この結論は適当である。しかし、それに基づいて、本件判決は、称呼の類否を判断していない。その理由は、次の通りである。本件審決は、商標のモノグラム化された構成からは、特定の称呼を生ずるものとは認められず、両商標の比較をする必要はない、と示し、称呼の類否を何も判断しなかった。したがって、本件判決は、この点については、特許庁が第一次的な判断権を有するので、それに判断を委ねたものである、と思われる。

4．おわりに　モノグラムとは、文字を組合せ、図案化して表現する方法をいう。これは、近時、商業広告等では、レタリング文字が発達・普及するに伴い、一般的な傾向となっている。このような事情を考慮すると、本件における商標の構成では、ローマ字として需要者に理解できる程度のものであると解する。

参考

第七款　出所混同

フェザーシャンプーの出所の混同を認める最高裁昭和57年3月17日判決（昭和55年（行ケ）33号、『判例時報』1053号155頁、審決取消請求事件）を考察する。（注127）

一．事　実

1．事件の発生　(1)X（被請求人・原告）は、明治23年、「花王石鹸」の発売以来、各種の身体洗浄剤につき、「花王」の文字及び「月のマーク」を付して販売してきた。昭和7年以降、シャンプーにつき、「花王シャンプー」を付して販売してきた。これに対し、(2)Y（請求人・被告）は、昭和7年以来、安全剃刀につき、「羽根印」、「フェザー」、「FEATHER」の文字を付して販売してきた。ところが、(3)Xは、昭和30年9月10日、旧第5類「シャンプー」を指定商品として、「花王・フェザー・シャンプー」の文字からなる商標を登録出願し、同33年6月23日、特許庁からその登録（登録第54556号）を受けた（同53年8月2日、存続期間の更新）。

2．審判事件　(1)Yは、昭和35年、Xの商標が旧商標法2条1項11号の規定に違反して登録されたものであるとし、登録無効の審判を請求した（昭和35年審判第496号事件）。(2)特許庁は、昭和54年12月12日、Xの商標が同号の規定に違反して登録されたものと認めて、同法16条1項により、その登録を無効とする審判をなした。当該審決は、次のような理由をもって、Xの商標をその指定商品に使用するときは、商品の出所につき混同を生ずるおそれのあるものとした。①Xの商標も、Yの商標も、「フェザー」の称呼を生ずること。②Yの商標は、安全剃刀につき、国内で取引者及び需要者間に知られており、また、「フェザー」の文字は、Xの商標と同一態様で使用されていること。③指定商品につき、両者は関連商品であること。

3．取消訴訟事件　(1)Xは、昭和55年、無効審決を不服として、審決取消請求の訴を東京高裁に提起した（東京高裁昭55行ヶ33号)。Xにより、次のような取消事由が主張されている。①審決の、旧商標法2条1項11号の該当性の判断基準は、Xの商標登録出願時であるとした違法がある。②審決が、Xの商標につき、その登録査定時（昭和33年4月7日）に、商品出所の混同を生ずるおそれがあるとしたのは、事実誤認の違法があること。これに対し、⑵Yにより、次のような反論がなされている。①審決には、積極的に、出願時を基準として判断する旨の記載はなく、かえって登録査定時を基準として判断していることは明らかである。②Xの商標は、その登録査定時に、商品の出所につき混同を生ずるおそれがあったものである。⑶東京高裁は、昭和57年3月17日、Xの請求を棄却する旨の判決（確定）をなした。

二．判　旨

本判決は、次の通り、Xの主張する審決取消事由の存否について検討する。

先ず、⑴不登録事由の存否についての判断基準時に関し、次の通り判示する。「旧商標法第2条第1項第11号の規定に該当するか否かの判断は、Xの主張の通り、登録拒否の決定の時、即ち、査定又は審決の時を基準として決定すべきものと解するのが相当である」このことは、Yらも格別争っているわけではない。そこで、審決の内容についてみるに、審決には、Xの商標の登録出願時としたようにみえる部分もあるが、審決の全文を精読すれば、前記記載箇所は、Xの商標について登録査定時にYらの商品との間に出所の混同を生ずるおそれがあったことを認定したものと理解できるとして、Xの主張を理由がないものとした。

次に、⑵出所混同のおそれの有無に関し、次の通り、判示する。Xの商標の構成とその登録、Xの商標の出願とその使用状況について認定し、Xの商標が、その登録査定の時点において、商品の出所につき混同を生ずるおそれがあったか否かの点について考える。「Xの商標は、旧第5類シャンプーを指定商品として昭和30年9月10日登録出願昭和

33年4月7日登録査定されたものであるが、この登録査定の時点において、それまでにYの商標がYらの商品安全剃刀を表すものとして既に世上一般に知れわたった著名商標となっていたのであり、Xの商標はこれら著名商標と相紛らわしい商標であり、かつ、これら著名商標の使用されている商品とXの商標の使用される指定商品とは製造及び販売の経路において関連性を有する商品であるから、Xの商標がその指定商品に使用されるときは、『フェザー』の称呼を有する著名商標を付したフェザー剃刀と同じ『フェザー』の呼び名で称呼されるフェザーシャンプーが市場に出廻ることとなり、一般購買者はそれを製造販売にかかる商品と思い、商品の出所について混同を生ずる虞れがあったとせざるを得ない」として、Xの主張を理由のないものとした。

三　研　究

1．はじめに　本件は、Xの商標につき、出所の混同を生ぜしめるおそれがあるか否か、従って、旧商標法2条1項11号に該当し、不登録となるか否か、の事件である。ここでは、本判決における問題点を指摘し、それらを検討してみたい。

2．問題点　本件では、旧商標法2条1項11号の適用に関し、次のような問題が提起されている。

(1)Xの見解は、次の通りである。先ず、①本号該当性の有無は、前段、後段、いずれの場合にも、商標の登録出願時ではなく、その最終的な登録審決時を基準として判断されなければならない。次に、②「商品の混同」を生ずるか否かは、単に商標自体を対比的に観察するのでは足りず、各々の商標につき、その選択に至る沿革、その著名性、その商品の広狭、その使用者の営業形態、その商品の製造者・販売者・需要者の異動、標章自体が創造的なものであるか否かなどを、総合的に考察して決しなければならない。それは、「商品の出所の混同」とは、商品の取引過程において生ずる現象であるから、商標の構成自体の外、商品の取引過程に影響を及ぼす諸般の事情を総合的に参酌しなければならないのは、むしろ当然のことだからである。

(2)Ｙの見解は、次の通りである。先ず、①現行商標法施行前、旧商標法２条１項11号の判断基準時については、登録査定時であるとするのが、判例・学説の通説であった。したがって、審決に特に明示するところがない以上、登録査定時を基準として判断されたものと解するのが素直な解釈である。次に、②同号にいわゆる「商品ノ誤認又ハ混同ヲ生ゼシムル虞アルモノ」とは、他人であるＹの業務に係る商品を表すＹの各商標が、需要者の間に著名になっていることを必要とするものである。換言すれば、著名商標として世上一般に知れわたっているが故に、この商標と紛らわしい商標をＸが使用すれば商品の出所について混同を生ずるという論理が本条を貫いているものと解される。

(3)本判決は、次の通りである。先ず、①旧商標２条１項11号の規定に該当するか否かの判断は、登録許否の決定の時、即ち、査定又は審決の時を基準として決定すべきものと解するのが相当である。次に、②Ｙ会社の発展の経過、Ｙの商標の使用状況等を認定し、Ｘの商標の登録出願時にも、登録査定時にも、Ｙの商標は、Ｙの商品安全剃刀を表すものとして既に世上一般に知れわたった著名商標となっており、また、Ｘの商標はこの著名商標と相紛らわしい商標である、かつ、両者の商品は製造及び販売の経路につき関連性を有する商品である、と判断し、商品の出所につき混同を生ずるおそれがあったと認めている。

そうすると、(4)旧商標法２条１項11号の適用に関し、次の二点が問題となる。一つは、同号の判断基準は、登録出願時であるか、または、登録査定時であるか。他は、出所混同のおそれは、いかなる事実があるときに認定されるのか。

3．旧法２条１項11号の意義・趣旨　(1)商標法上、不登録事由の一つとして、「出所混同のおそれ」を防止するための規定は、次のような沿革をたどっている。(注128)最初に、①旧々商標法（明治42年法）は、２条３号をもって、「秩序若ハ風俗ヲ紊リ又ハ世人ヲ欺瞞スルノ虞アルモノ」を登録しないものとした。次に、②旧商標法（大正10年法）は、２条１項５号をもって、「商品ノ誤認又ハ混同ヲ生セシムル虞アルモノ」を不登録とした。現在、③現行商標法（昭和

34年法）は、旧法の規定を分割して、商品出所の混同を定める規定（4条1項15号）と、商品品質の誤認のおそれを定める規定（同項16号）を設けている。前者の規定は、「他人の業務に係る商品と混同を生ずるおそれがある商標（10号から前号までに掲げるものを除く）を不登録とする（現4条1項15号）。

(2)出所混同を防止するのは、商標権者の保護（私益保護）であるか、あるいは、一般需要者の保護（公益保護）であるか。[注129] 先ず、①旧法2条1項11号は、一般需要者の保護、従って、公衆の保護を目的とする、と解されていた。その理由は、次の通りである。ⓐ無効審判請求の場合、8号・9号の規定と異なり、除斥期間の規定の適用がないこと（旧23条）。ⓑ更新登録の場合、登録拒絶の事由となっていること（旧11条）。ⓒ利害関係人のほか、審査官も無効審判の請求ができること（旧22条2項但書）。

次に、②現行法4条1項15号は、登録商標の権利者の私益を目的とし、同項10号乃至14号の規定の総括的規定という位置を占めている。その理由は、次の通りである。ⓐ無効審判請求の除斥期間に関する規定は、同号にも適用されること（現47条）ⓑ更新登録の際の登録拒否事由からも、同号が除外されたこと（現19条2項但書、21条1項1号）。

4．旧法12条1項11号の解釈　(1)本号該当性の判断基準時について、先ず、①旧法2条11号の規定は、公益的な規定であるから、商標が商品の誤認又は混同を生じさせるおそれがあるか否かを判断するに当たって、登録を許可した査定・審決又は判決の時を標準とすべきではない、と解されていた（東京高裁昭和37年4月26日判決、行裁集13巻4号664）。次に、②現行法4条3項は、8号・10号・15号につき、出願の時を標準にすべきものとしているので、その他の事由につき、査定の時を標準とすることになる。最後に、③本判決は、本号の該当性の判断について、登録許否の決定の時（査定又は審決の時）を基準として決定すべきものとしている。これは、従来の学説・判例の立場を踏襲したものである。

(2)出所混同のおそれは、いかなる事実があるときに認定されるのか。先ず、①混同のおそれの有無は、商標それ自体につき決すべきものであるか。かつて、旧々法２条３号にいう「世人ヲ欺瞞スル虞」があるか否かは、商標自体につき判定すべきものとしていた（大審院大正1年12月４日判決、明治45年（オ）212号萼・学説判例１２８７頁）。しかし、その後、旧法２条1項11号にいう「商品ノ混同ヲ生セシムルノ虞」あるか否かは、商標自体のみではなく、他の諸般の事情をも考察して判定すべきものとなった（大審院大正15年５月14日判決、民集５巻371頁、最高裁昭和30年７月５日判決、民集９巻９号１０２０頁）。現在、現行法４条1項15号の下では、出所混同のおそれがあるかどうかは、商標自体についてだけではなく、それ以外の取引社会の事情を参酌して判定すべきことは、一般に認められている。（注130） 本判決は、商品出所の混同は、商品取引過程で生ずる現象であるから、商標の構成自体の外、商品取引過程に影響を及ぼす諸般の事情を総合的に参酌しなければならない、というXの主張を前提として、Y会社の発展経過、Yの商標の使用状況等を認定し、出所混同のおそれを判断している。これは、従来の学説・判例の立場を踏襲したものである。

次に、②出所混同される商標は、どのような状態に達していなければならないであろうか。旧法２条1項11号の下では、商品の混同は、公衆保護のための公益的見地から、登録を拒絶しなければならない程度のものであり、狭義に理解されていた。その結果、全国的に著名な商標と商品につき混同が生ずるような場合でなければならない、とされた。（注131） 現行法４条1項15号の下でも、混同の発生のためには、他人の業務に係る商品をあらわす商標が需要者の間において著名となっていることが必要とされているのである。（注132） 本判決は、著名商標として世上一般に知れわたっているが故に、この商標と紛らわしい商標を他人が使用すれば、商品の出所について混同を生ずるという論理が本号を貫いている、というYの主張を前提として、Yの商標が著名商標となっていたと認定し、出所混同のおそれを判断している。これは、従来の学説・判例の立場を踏襲したものである。

５．本件への適用　本判決の見解を本件事実に対して適用するのは、適当なものであるかをみる。

先ず、⑴旧法２条1項11号の該当性の判断基準を登録査定時としながら、争いがあるのはなぜか。審決には、「X

の商標の出願後の使用開始にかかるものであって、Xの商標登録出願時には、既に上記する通りの事由が存する以上、Xの商標はその登録出願前から広く取引者、需要者間に知られた『フェザー』の称呼を生ずるYの商標と商品の出所について混同を生ずるおそれのあったものといわねばならない」という記載箇所があるからである。しかし、この箇所は、審決の結論が、「そうだとすると、Xの商標をその指定商品に使用するときは、商品の出所について混同を生ずるおそれのあったものと認めざるを得ない」と示された後に、付加的部分として記述されたものである、という位置を考慮するのは適当であろう。

次に、(2)出所混同のおそれについて、X・Yの主張共に、従来の判例の立場を前提としながら、争いがあるのはなぜか。それは、Xの商標及び関連商標が著名であることを重視するか、または、Yの商標が著名であることを重視するか、ということにある。しかし、Xの商標の構成のうちでは、中央に大きく赤色で「フェザー」と書いて、それを亜赤色の縁で囲んでいる部分が最も注目されやすいので、この「フェザー」の文字が独立して商品識別の機能を営むことを考慮すれば、Yの商標が著名であることを重視するのが適当である。

6．おわりに　本判決の理論構成は、旧法下における判例・学説の立場を踏襲したものであり、現行法の下においても承認されるものである。また、本判決の理論を本件事実へ適用するのも適当である。

注

（注61）審決取消請求事件、東京高裁平10『行ケ』185号、平11・11・28民13部判決、認容《上告》、判例時報1710号141頁。

（注62）審決取消請求事件、東京高裁平10『行ケ』185号、平11・12・22民13部判決、棄却《確定》、判例時報1710号147頁。

（注63）この問題について既に論議したのは、拙稿「公序良俗を害するおそれを認めた事例」判例評論507号193頁であり、「商標と公序良俗」知的財産法と競争法の現代的展開（紋谷暢男教授古希記念）557頁はこれを加筆・訂正したものである。

（注64）染野啓子「中川善之助・兼子一（特許・商標・著作権）（昭和47年）」132頁。

（注65）小野昌延「商標法概説」126頁。
（注66）拙稿「紋谷暢男編〔商標法50講〕（昭和50年）」52頁。
（注67）特許庁「工業所有権法逐条解説」（昭和46年）565頁。
（注68）例えば、網野誠「商標」（昭和39年）256～256頁。
（注69）小野昌延「商標法概説」（平成元年）86頁。
（注70）吉原隆次「商標法説義」（昭和35年）49頁。
（注71）蒋優美「新工 業所有権法解説」（昭和41年 368頁）。
（注72）網野・商標252頁。
（注73）三宅正男「商標法雑感」（昭和47年）96頁。
（注74）村山小次郎「特許実用新案意匠商標・四法要義」（大正13年）366～367頁。
（注75）三宅発士郎「日本商標法論」（昭和６年）105～106頁。田中清明「特許 実用新案意匠商標法・四法」（司法研究第18輯）332頁。
（注76）蒋「別冊ジュリスト14号」34～35頁。中川淳「内田修編〔判例工業所有権法〕（昭和47年）251～256頁。神谷巌「〔判例商標法〕村林隆一記念論集」143～156頁。
（注77）商標研究会「商標大辞典」（昭和34年）120頁。
（注78）染野義信・兼子一「判例工業所有権法」（現行法編）２７５７頁〈５〉。
（注79）染野「判例」（第２版24）７２４１の75頁〈24〉。
（注80）商標大辞典120頁。
（注81）行裁例集３巻10号２０２３頁。
（注82）無体集13巻２号608頁。
（注83）染野「判例」〈第２版30〉７３６１の15頁〈６〉。
（注84）染野「判例」〈第２版30〉７３６１の42頁〈10〉。
（注85）大西浩「国際信義」小野昌延・小松陽一郎編「商標の法律相談」148頁。
（注86）特許庁「解説」565頁。

（注87）吉野日出夫「公序良俗違反」中山信弘編著「工業所有権法の基礎」262〜264頁。
（注88）網野・商標253頁。
（注89）三宅「商標法雑感」96〜97頁。蕚「別冊ジュリスト」35頁。
（注90）工業所有権法研究会「工業所有権質疑応答集」2691頁。
（注91）染野「判例」〈第2版30〉7361の10‐14〈5〉。
（注92）大西「国際信義」147〜150頁。
（注93）蕚「別冊ジュリスト」35頁。
（注94）網野・商標253頁。
（注95）染野「判例」〈第2版30〉7361の2頁〈4〉、判時1683頁。
（注96）蕚「別冊ジュリスト」35頁、中川淳255頁。
（注97）拙稿「商標と競争」工業所有権年報9号33頁＝拙緒「工業所有権と差止請求権」〈昭和61年〉所収。
（注98）満田重昭「商標保護における実質的利益重視の傾向」特許管理34巻11号1453頁以下参照。
（注99）豊崎光衛「工業所有権法一新版」〈昭和50年〉351頁、渋谷達紀「消費用法の理論」〈昭和48年〉241頁以下。
（注100）拙稿「商標の使用と類否」特許管理43巻1号（平成5年1月）＝同・知的財産権判例研究Ⅱ（平成7年）325〜328頁を基礎とした。

（注101）拙稿「『フロアタム』はドラムの一種を示す普通名称であるとの事例」判例時報1412号（平成4年5月1日号）を基礎とした。

（注102）特許庁編「工業所有権法逐条解説」794頁。

（注103）兼子一・染野義信「工業所有権法」729頁。

（注104）特許庁「解説」794頁、網野誠「商標」155頁。

（注105）特許庁「解説」794頁。

（注106）網野・商標155頁。

（注107）中林英夫「商標の実務」126頁以下。

（注108）拙稿「ワイキキ商標」村林隆一還暦記念・判例商標法99～108頁を基礎とした。

（注109）特許庁編「工業所有権逐条解説」640頁以下。網野誠「商標・新版」125頁。

（注110）豊崎光衛「工業所有権法・新版」355頁、萼優美「改正工業所有権法解説」594頁以下。

（注111）吉井参也「産地・販売地を記述する商標と産地・販売地の誤認」知的財産権判例研究241頁以下。

（注112）拙稿「使用による顕著性を認めた事例」発明82巻９号70～73頁を基礎とした。

（注113）この問題については、田倉整「商標の永年使用による特別顕著性の取得―判例に現れた問題点―」『工業所有権の基本的課題（下）』879頁以下に詳しい。

（注114）網野・商標152頁。

（注115）拙稿「株式会社の商号と商標法４条1項８号」金融・商事判例昭和58年８月15日号（673号）55～59頁を基礎とした。

（注116）三宅正雄・商標法雑感97頁以下。

（注117）網野・商標256頁以下。

（注118）網野・商標259～260頁。豊崎光衛・工業所有権法（新版）364頁。

（注119）和久井宗「他人の氏名使用と承諾」商標商号・不正競争判例百選（別冊ジュリスト）36～37頁。

（注120）吉野日出夫「他人の肖像・氏名等」工業所有権法の基礎265～267頁。

（注121）特許庁・逐条解説565頁。

（注122）三宅正雄・商標法雑感101頁。

（注123）紋谷暢男「東京高判昭和52・12・22評釈」特許管理。

（注124）網野・商標257頁。

（注125）「本件コメント」金融商事判例665号3頁。

（注126）拙稿「モノグラム商標と称呼」判例時報平成5年3月1日号（１４４２）208～210頁を基礎とした。

（注127）拙稿「商品出所の混同を生ずるおそれを認めた事例」発明Ｖｏｌ．８０１９８３　73～77頁。

（注128）網野・商標289～290頁。

（注129）網野・商標291～292頁。馬瀬文夫「商品の混同―商品の類似」別冊ジュリスト46～47頁。

（注130）網野・商標297頁。
（注131）網野・商標291頁。
（注132）兼子一、染野義信・工業所有権法739頁。

あとがき

いろいろな創作や標識といった精神的産物は、知的財産（無体財産）として、社会的に実在しかつ機能するために法的保護を受ける。これらの保護、つまり知的財産権は、大別すると、独占権と禁止権に類型化される。独占権は、禁止権と対比して、内容的・時間的・地域的な限界を有する。そこで、先ず、内容的な限界について、権利消耗論や実施権の本質論、次に、時間的限界について、登録を受ける権利の本質や隷属的模倣の法的処理、最後に、地域的限界について、パリ条約と特別協定との関係等を研究して来た。これらは、「工業所有権と差止請求権」―知財法論文集Ⅰ―（法学書院・昭和61年11月）、また、「特許権消耗の法理」―知財法論文集Ⅱ―（五絃舎・平成14年8月）として結実したつもりである。

人類の歴史を通してみると、何時の時代、何処の社会でも、精神的産物の存在を認識できる。これに対し、一般的な保護の法制が確立するのは近代となってからである。知的財産は法があるから存在するのではなく、法よりも知的財産が先在する。そこで、これらの保護の対象を改めて研究するために、商標といった標識から始まり、意匠や著作物を経て、発明や実用新案といった創作まで研究を続けるつもりでいる。

本書は、これまで、いろいろな機会に発表して来た論文及び研究を「商標と法の研究」―知財法論文集Ⅲ―という統一テーマの下に加筆・訂正して整理したものである。この内容は、欧米の商標法の比較を通して、わが国の商標法の成立と運用の歴史を辿り、また、商標の法観念を明らかにし、その登録との関係に言及する。台湾・韓国・中国の商標法も登載するかの思案をしたが、後日、国際的な保護という観点でまとめて発表することにした。

顧みると、知財法分野の理論及び実務の先人達にいろいろとお世話になった。この場を借りて、これらの方々の御恩に感謝の意を表すると共に、本書を始めいろいろな書籍の出版の労をとってくださる五絃舎の長谷雅春氏に深くお礼を申し上げる。

平成三十年三月吉日

紅白の梅花の眩い春の庭にて

小島　庸和

《著者紹介》
小島 庸和（こじま・つねかず）
高千穂大学名誉教授
弁理士

主著
『工業所有権と差止請求権—知財法論文集 I—』（1986　法学書院）
『特許権消耗の法理—知財法論文集 II—』（2002　五絃舎）
『企業と法』（2011　五絃舎）
『知財と法』（2014　五絃舎）

商標と法の研究

——知財法論文集 III——

2018 年 11 月 10 日　　　第 1 刷発行

編著者：小島庸和
発行者：長谷 雅春
発行所：株式会社五絃舎
〒 173-0025　東京都板橋区熊野町 46-7-402
Tel & Fax：03-3957-5587
e-mail：gogensya@db3.so-net.ne.jp
組　版：Office Five Strings
印　刷：モリモト印刷
ISBN978-4-86434-088-5
Printed in Japan ©2018